《播音主持艺术》编委会

播音主持艺术 16

主　编　鲁景超
副主编　马　谛

中国传媒大学出版社
·北京·

目 录

【节目研究】

【诵读研究】

【学术视界】

浅析融媒体时代 传统媒体节目主持人的坚守与应变

吴洁茹 李 飞

信息的数字化、媒介的多元化,使媒体消费者的选择更加灵活、主动,单一媒介形态的传播模式已日渐萎缩,传媒界的竞争也将愈加激烈。在可预见的未来,媒体间的重组与整合势必会对广播电视的行业运行机制带来根本性的撼动。媒体平台不仅要生产内容,还要致力于内容连接与服务模式的创新,包括用户运营、社交分发、算法分发等。而传统媒体想继续生存下来,必须在内容品牌与用户之间建立起有效连接,成为用户获取信息服务的入口。①

现阶段,传统媒体开始积极应对媒介融合带来的冲击与挑战。如SMG主动关注和研究媒体消费者的动向,多年来,探索运用数字化、互联网技术提供信息传播服务的客户端战略,目前已经初步形成"1+3"的新媒体客户端格局,即1个平台——百事通BesTV,3个重点产品——看看Knews、阿基米德App和第一财经新媒体矩阵。湖南卫视的芒果TV经过多年的实践探索,实现了内容导入渠道、平台、经营、管理的深度融合,并依靠内容优势弯道超车,成为体制内打造的被市场认可、在市场中占有一席之地的新型媒体平台。蓝天下作为浙江卫视在互联网和新

① 黎斌.媒体融合新思维:从"内容为王"到"'内容+'为王"[J].中国广播电视学刊,2017(1).

媒体领域的一个门户网站，在发展过程中不断优化整合内容资源，实行台网融合，实现了基于电视媒体门户网站的价值增值。《中国新歌声》《奔跑吧，兄弟》等品牌推广就是浙江卫视基于全媒体的一个联盟，它包含全国150多家平面媒体，以及几乎所有的主流视频网站、微信微博平台等。这些例子都是传统媒体所做出的有益举措。

融媒体不仅带来了媒介环境的变化，还带来了受众分化、信息接收方式和传播内容的变化，传统媒体和新媒体界限模糊，传统节目主持人面临巨大的挑战。他们需要更积极、主动地了解媒体环境的变化，主动思考，未雨绸缪；也需要把握不变的要素，清醒认识，有所坚守。

一、媒介融合环境下传统节目主持人的坚守

（一）媒介融合环境下坚持正确的舆论引导

除了目前的网络平台，随着手机技术壁垒的突破和数字交互电视的出现，传统媒体的节目将会有更多元的平台空间，对大众生活的影响将会更加深刻。受众既需要即时的信息更新，也需要严肃的新闻报道；既需要互动性的信息吸引，也需要全面性的新闻报道；既需要参与广泛的网络传播，也需要权威的正面引导。因此，在媒介融合环境下节目主持人的舆论引导依旧重要。

信息化时代，在媒介领域中实际存在两个舆论场：一个是由广播、电视、报纸、杂志所组成的传统舆论场；另一个是由互联网、手机等新兴媒体所组成的新媒体舆论场。在当前的中国，两个舆论场都很大。[①] 与网络等新媒体相比，以电视为代表的主流媒体，在长期传播活动中形成的职业坚守更具有权威性。一是体现在关乎国计民生的重大新闻中，节目主持人邀请和连线专家学者，传播正面、可靠、正能量的新闻。例如在2017年3月18日《央广夜新闻》播出的《记者调查：楼市快退烧，还需哪些招？》中，节目采访或连线北京市房地产业协会秘书长陈志、中国不动产研究中心研究员回洁钰、河南财经政法大学城市发展研究中

---

① 尹韵公.论胡锦涛新闻思想的时代特征[J].新闻与传播研究，2008(4).

心主任刘社、上海易居房地产研究院副院长杨红旭，请各界专家、学者对楼市新政进行解读，占领音频传播权威的制高点，当好党和人民的喉舌，在增强新闻舆论传播力、引导力、影响力上下足功夫。二是体现在主持人的评论能力。例如在2017年4月6日中央电视台《新闻1+1》播出的《管房，管地，管得住房价吗？》这期节目中，主持人白岩松从新政对楼市管控和新政实施中可能出现的问题着手，进行探讨和分析，并呼吁“大中城市，赶紧去建一些公租房，既解决低收入人群，也为吸引人才做好充足的准备”，充分发挥了主流媒体的权威性，起到了建言献策、反映民心民情的功能。

因此，主流媒体应该坚守长期以来形成的公信力和权威性，主持人应该在节目中坚持正确的舆论导向，在思维方式上坚守“牢记社会责任，坚持正确导向，自觉遵纪守法，信守职业道德，具有良好的社会形象”。

（二）坚持准确精练的内容表达

媒体的融合拓展了电视节目的传播途径，主持人的影响力势必会扩大。但主持人不能为了迎合受众，而在表达的内容上选择吸引眼球的虚假信息，或是在原本真实、客观的事实上添枝加叶、肆意渲染。

新闻节目主持人内容表达准确是新闻属性的要求，也是节目的要求。在生活服务类、综艺类等节目中，主持人表达的内容同样也必须是准确的，如生活常识、健康营养知识、对嘉宾经历的介绍等都需要准确，不能以个人的好恶来选择传播的内容和信息，甚至对嘉宾随意指点，妄加评论。

一遵循表达内容的真实。真实是新闻的生命，新闻节目主持人要坚持发扬实事求是的作风，对于自己拿不准的信息要善于调查和求证。其他类型的节目主持人也要讲真话，不能为追求轰动效应而捏造、歪曲事实。2017年4月16日，央视主持人沙晨在中国传媒大学的课堂上分析自己主持和现场报道的经验时，也强调无论是主持人还是出镜记者都要做到“真情绪、真观点，不要‘假高潮’”。

二遵循对所介绍的人物、事件的全面了解以及对所使用材料的全面把握。主持人白岩松在回忆报道巴西里约奥运会前期的准备阶段时谈到，奥运会开始前他就开始从网上订购关于巴西的各种书籍，有巴西作家写的，有国内作家写的……文体上有散文，有游记等。他强调，这种准备叫作泛准备。因为不知道接下来的节目中遇到的嘉宾会谈及什么样的内容，只有自己做了充足的准备，才能纠正嘉宾疏漏的地方。有了泛准备，在里约奥运会开幕式的介绍中，他才能这样说："观众朋友们，大家上午好。我现在是在巴西里约的冬季，为大家带来第三十一届夏季奥运会的现场直播。虽然身处南半球的里约现在是冬季，气温却依然像夏季。此时，温度25度，湿度57%……"①

(三)坚持鲜活生动、启人心智的表达方式

《中国好声音》总导演金磊接受采访时说："主持人最大的关键，就是要说人话，要说老百姓听得懂的话。"节目主持人的话语让老百姓听得懂，达到"入耳、入心、入脑"的效果，需要坚持鲜活生动、启人心智的表达方式。

语言是思维的直接现实。大脑中所容纳、酝酿的一切只有被表达才得以存在，而有声、有色、有形、有味、有情、有理的"内部世界"能否被真实投射到现实中，语言是否鲜活生动就极为重要。②鲜活的语言，不仅能拉近节目与受众之间的距离，有时还能营造意境，给人心智上的启迪。如在湖南卫视2015年8月29日播出的《偶像来了》中，主持人汪涵在为嘉宾做葱油面时，即兴说了一段话："我觉得我们到菜市场挑选食材，其实就是偶遇和重逢。你看那么多土豆，你偏偏就挑到了它。翻炒就是情感的升温，糖醋就是情感中的蜜意。做一碗面条何尝不是柔情？所以餐厅里的感觉，家厨里的感觉，就是爱！"人们通过主持人的话语，能在精神上享受一种愉悦、美感，心智上也得以启迪，有种豁然开朗的快感。

二、媒介融合环境下传统节目主持人的应变

(一)利用媒介融合环境，扩大自身的影响力

移动互联网时代，网络直播发展迅速。在这个大背景下，广东网络广播电视台

---

① 奥运会的解说词[EB/OL].[2018-03-11].https://zhidao.baidu.com/question/2056634098040659947.html.

② 柴璠.广播电视播音主持[M].北京：北京大学出版社，2014.

进行了探索和尝试。广东网络广播电视台以传统广电节目主持人为核心，引入资本市场的商业运作模式，从财经、教育、美食、旅游、文化和公益慈善等角度切入，面向广大用户打造有价值的内容直播平台。同时，广东网络广播电视台还通过“1+19广东网络广播电视联盟”的共同参与和紧密合作，将广东广播电视台和19个地市电视台的播音员、主持人、记者、编导等媒体精英作为传播主体和互动载体，连接各地民生和本地生活，源源不断地为大众提供丰富的节目内容，从而实现粉丝经济、“电视+电商”、经纪业务、广告经营、电商等多模式业务并行，开拓广播电视网络的新途径。[①] 这些成功案例为其他媒体做了较好的示范。

媒介融合环境下，除了运用直播的形式，要想继续扩大主持人的影响力，还需要借助微博、微信公众号。在微博的使用上，现有传统媒体新闻节目主持人的影响力需要加强。例如知名媒体人刘春的粉丝数量是6,648,895；新闻节目主持人粉丝数量较高的是央视的敬一丹和水均益，分别是895,357和788,890；广播电台的节目主持人粉丝较高的是央广的雨亭，粉丝数为317,101。他们的粉丝数量与刘春的微博粉丝数量相比，差距还比较大。从微博内容上看，新闻节目主持人发起新闻话题的数量很少，对于热点新闻的转发和评论不高，多是生活感悟或是节目中播出新闻的转发。其内容的局限性可能源于所在单位或是个人精力。这需要主持人所在团队的通力协作，以及主持人个人的才智和脑力的发散，最大化地用好各种传播途径。

传统媒体的主持人也开始尝试运营公众号。如由康辉、李修平、文静、朱广权等央视主播共同创办的公众号“星艺雅集”，该公众号包括了星艺节目和雅集节目两个主要版块。星艺节目主要由康辉点评中国戏曲，李修平说新疆的美食、美景和人文，朱广权说水浒，王言谈金庸；雅集节目包括文静谈影视剧内容，谢颖颖谈美食，于鸿雁说文玩手串，长啸谈历史人物，章伟秋谈色彩。从内容上看，该公众号涵盖了历史、人物、美食和影视。本来这个公众号完全可以凭借主播们自身独特的魅力、独特的见解、专业的技能和贴心的服务，来收获相对固定的社群，成为这个社群的意见领袖，从而凝聚强大的号召力和影响力，但它的阅读量并不高，维持在

---

① 夏徊.荔枝直播：移动互联网时代的广电媒体融合探索实践[J].电视研究，2017(1).

1,000 至 5,000 左右。首先，内容的更新不够及时，容易流失受众。其次，内容的形式有厚度，但少了新颖度和话题性，和传统媒体单一的传播方式相近，没有很好地运用新媒体互动性强的优势。最后，在微信的推广上，其宣传力度也很小，还没有完全运用新媒体互动便捷、传播快速等优势，借船出海来获得更大的关注度。

（二）增加语言的创新度，使个性更加鲜明

在自媒体盛行、网络综艺兴起的当下，一方面热爱主持的人拥有了更多的机会和平台，但另一方面也给在传统媒体工作的主持人带来了不小的挑战和压力。非科班出身或是跨界主持的明星艺人之所以受到大众的认可和关注，主要原因是他们鲜明的个性。例如像金星的犀利、大鹏的幽默……不过必须强调的是，个性化不等于“个人化”。主持人的“个性”是一种品质，是主持人内在修养的外在表征，是思维与智慧的外化延伸，是思想的包装方式。

在主持人的传播行为中，主持人在节目中配置得当，调度灵活，串联流程，融汇观点，呈现鲜明的个性，因此“个性就是主持人的生命力”。美国管理学者彼得斯曾说：“21 世纪的工作生存法则就是建立个人品牌。”由此可以归纳：个人品牌价值＝专业技能＋可信任度＋细心＋机智＋幽默等个性化要素。例如，崔永元机智、幽默的性格在《实话实说》里被摄像机放大了，他拉家常式的引导方式营造出录制现场宽松、灵动的气氛，这是带有开创性的；文静的干练、凌厉、语速快、节奏感强，与节目《军情时间到》的定位、内容十分贴合；杨锐的天性中具有“不依不饶”的成分，所以在节目中以其独特的主持风格与深厚的文化底蕴，赢得了中外观众的称赞。

语言学家吕叔湘曾这样形容善于运用语言的人，“叙事能让人仿佛目睹，说理能让人心悦诚服，只言片语可以久而不忘，长篇大论也可以听之不倦”。吕叔湘先生对善于运用语言的人特点的概括，也可以成为衡量一个主持人语言表达能力的参考标准。主持人想获得创造性的语言，首先，需要用心地在语言上表现出新颖独创、富有情趣的魅力，使传播更加生动活泼、亲切感人，并蕴含审美价值。其次，主持人要开阔自己的视野，开阔自己的胸襟，升华自己的情操，丰富自己的语言库，激活自己的思维，大胆展开想象的翅膀，勤奋磨砺自己的笔头、口头能力，这是能够创

造性运用语言的前提和根基。[①]

白岩松就是善于激活自己思维的典型代表。在2015年8月8日播出的《新闻周刊》中,关于"湖北电梯吃人事件"的开场引言,他这样设计:"7月全国酷热,但有一个地方的新闻让人发冷。"这句话巧妙地使用了"冷"字和"热"字这对反义词的本义,同时也给出了这则新闻让人"脊背发凉"的心理感受。同样,主持人董卿在主持第二季《中国诗词大会》时,也善于引用古诗,巧妙开场。如第二季第一期节目的开场,她这样说道:"天生我材必有用,千金散尽还复来。一千两百多年前的诗句,今天读来依然让人血脉偾张。诗人如椽巨笔下喷涌而出的跌宕起伏的情感,让我们感受到震动古今的气势和力量。这就是中国古诗词的魅力!从今天开始,我们将和大家一起展开一场诗词之旅,去重温那些历久弥新的经典诗句。我想,这样的温故知新,可以拂去我们记忆上的灰尘,而古代文人的情怀和智慧,也同样能够点亮我们今天的生活。人生自有诗意,来吧,加入我们的诗词狂欢。"这样的开场,不仅展现了节目文化的厚度,更使人感受到中华诗词的力量和震撼。

(三)利用媒体新技术,明确目标受众群

随着互联网技术的突飞猛进和移动互联网的异军突起,传媒业已经无可争辩地走进融媒体时代。对于传统媒体来说,这是一个危机四伏的时代,也是一个破茧重生的时代。传统媒体应该兼容并蓄各种媒介的传播特点、规律,主动争取话语权。

话语权的获得,除了来自媒体平台的公信力和自身的品牌影响力外,节目主持人也要精准地明确自己的受众定位,以受众为本,用互联网"用户体验"的思维改革创新,去赢得受众。正如UC浏览器的宣传口号:"给的再多,不如懂我。"在媒介融合的环境下,传统节目主持人可以根据大数据了解受众的年龄特点、知识结构等。胡正荣教授在《媒体融合与全媒体生态系统》讲座中说:"《新闻联播》的播音员并不知道收看节目的观众有哪些具体的特征,具体有多少,这样做的工作就盲目。《新闻联播》的App应该活用社交功能,康辉(可以通过团队运营)可以通过解答问题与受众互动,做到完全智能化。理想业态是搭建一个平台型的媒体,光传播是没用

① 吴郁.主持人语言表达技巧[M].北京:中国广播电视出版社,2011:178.

的。”因此，传统媒体的主持人只有通过大数据来掌握受众特点，从现实出发，研究受众的需求，争取受众的关注度，才能获得受众的喜爱。

结　语

坚守与应变是传统媒体节目主持人在融媒体时代的自觉。传统媒体节目主持人长期历练、沉淀并积累了相当的经验，也正是由于专业性和影响力，传统媒体至今依然有着不可替代的公信力，这是自我优势。认清传统媒体的自我优势，努力将优势发挥到极致，正是传统媒体从业者需要坚守的。而面对媒介环境的变化，传统媒体节目主持人要自我改变，不断创新，既拓展传播渠道，扩大自身的影响力，又“精耕细作，按需生产”，满足受众信息需求的需要。只有这样，才能在融媒体的竞争中发挥优势，闯出一片新的天地。

参考文献

胡正荣.新媒体前沿[M].北京：社会科学文献出版社，2013.

吴郁.主持人思维与语言能力训练路径[M].北京：中国广播电视出版社，2013.

曾志华.中国电视节目主持人文化影响力研究[M].北京：中国传媒大学出版社，2009.

李智.全球化语境下电视的修辞与传播[M].北京：社会科学文献出版社，2013.

柴璠.当代广播有声语言的创新空间[M].北京：中国传媒大学出版社，2006.

（作者单位：中国传媒大学播音主持艺术学院）

互联网时代电视主播语言传播范式走向

李峻岭

范式(paradigm)的概念和理论是美国著名科学哲学家托马斯·库恩提出并在《科学革命的结构》(*The Structure of Scientific Revolutions*)中系统阐述的,它指的是一个共同体成员所共享的信仰、价值、技术等的集合,是某一专业群体所共同遵从的世界观和行为方式。传播范式(communication format)则是指我们在进行传播时预先设定的媒介模式,即传播行为的构成性元素。任何社会行为如要得到传播就必须经过范式的塑造。①

美国学者拉兹洛说:"未来社会的历史发展趋势是世界信息化和经济全球化。"数字信息技术和互联网技术的迅猛发展,令受众在传播过程中被动接收信息的传统地位产生根本性的变化,并极大地改变了电视传播形态,使电视新闻语言传播的方法、手段、标准发生迅速的变革。

一、互联网时代对电视主播语言传播的挑战

(一)立体的传播方式带动传播理念的更新

互联网的"向下兼容性"使其囊括了在此之前产生的所有媒体的核心特质,而其全球信息共享和互动的传播方式伴随着多媒体性、即时性、广发性、交互性等特

① 邵志择.传播范式与传播生态——评大卫·阿什德的《传播生态学》[J].新闻记者,2003(12).

点，颠覆了传统电视新闻一直以来的线性播出模式和“我播你听”的单向传播模式。相较于电视新闻的“二度性”创作原则，人们有更多的机会和途径通过网络挖掘并选择自己感兴趣、有意愿接受的相关资讯。由此，电视新闻语言传播理念必须更新，变“传本位”为“受本位”，变“受众”为“用户”，变“收看”为“推送”，变“经验”为“体验”，尊重大众的审美趣味，实现理念的升级。

（二）丰富的传播内容促进传播视角的多样

互联网时代所特有的“云传播”特质在把每个人都变成了信源的同时，也把每个人都变成了信宿，公民记者的出现使得传播内容无限制的丰富起来，全球化信息流通及大众表达渠道前所未有地畅达起来。传统电视新闻所依托的官方背景不再继续天然地享有对新闻来源的优先报道权和垄断关注度，人们对关乎小到周遭生活，大到境外时局，以及对同一事件、政策的多角度解读需求也得以被反弹式释放，这些都使得观众对电视新闻语言传播思维及视角多样性的呼声日益强烈。主持人白岩松对广州亚运会开幕式的解说因迥异于央视一套传统的样态而让人耳目一新，被视为颇具标志性的传播案例。

（三）移动的传播格局呼唤传播状态的贴近

移动互联网使得受众摆脱了电视等固定终端的约束，从而可以使观众在各种状态下收看节目，观众的主动性和权利性的张扬得以空前强化和细化。随着电视新闻 App 软件在多个移动终端的应用，传统电视新闻语言传播的时间容量更趋于碎片化和小型化，节目片段的点播和回看成为常态。这就要求电视新闻语言传播在将新闻信息、观点音声化的同时，重视受众和订阅用户的收视体验，注重实现多场景下的拟态人际交流，用“暖、活、近”的状态代替“冷、僵、远”的状态，以观众的在线参与为目标，呈现 “对话”姿态。

二、电视主播语言传播范式的现有认知

(一)语境细分

美国学者乔舒亚·梅洛维茨的媒介理论告诉我们:“真正不同的行为需要真正不同的情境,正是不同情境的分离使得不同行为的分离成为可能。而新的情境要求人们采取新的行为,因为行为得适应具体的情境。”[①]作为话语表达与话语理解所依据的具体因素,语境包括非语言语境和语言语境,也有学者称其为上位语境和下位语境,前者对后者有制约关系,后者对前者起反映作用。在网络时代,语境,特别是上位语境的动态与细分前所未有地得以突显。社会氛围、人文认知、传媒环境以及不同频道、栏目和节目在理念、定位、内容、形态等方面的差异化追求,都使得多元个性语境成为传播现实,并为电视新闻语言的传播带来不同语境下的语用表现。传播者必须针对语境差异,重新考量自己对传播内容和报道方式的选择。

(二)能力集成

所谓集成,在英语中有“使成一体,使结合,使合并”“使完整、使完善”之意。集成,就是将众多分散的、相对独立的事物结合起来成为一体,产生联系,从而构成一个有机整体的过程。网络时代带来的节目内容丰富与涉猎领域的扩大,使得电视新闻语言传播过程除了表现为传统的“理解稿件—具体感受—形之于声—给予受众”的表达能力外,也体现为归纳能力、提问能力、评论能力等,同时因不同传播主体的知识结构和能力结构的不同而表现为:或长于时政、金融、法律的知识板块多元;或长于清晰播报、精到点评、掌控现场的素质多元,最终实现从“一专”到“多专”的转变。这种能力集成的实质是在“专”的基础上与“杂”深度融合,以“业务专家,文化杂家”为目标,最终建构起与传播行为相匹配的语言传播主体的素质集成。

---

① 张咏华.大众传播社会学[M].上海:上海外语教育出版社,1998.

(三)主体自觉

在电视新闻有声语言传播过程中包含着传播主体、文本主体、接受主体等要素。其中,传播主体居于主导地位,但接受主体对前者来说意义重大,因为只有建立在接受主体“应知”“欲知”的实际需求上,追求传播中的信息共享、认知共识、愉悦共鸣、美感共怡,才能实现对传播主体主观意志的张扬。过往有声语言传播中产生的大话、空话、套话、流畅的废话都应成为被规避的区域。英国文化学者斯图尔特·霍尔提到过“商榷式解读”乃至“对抗式解读”的概念,①特别指出,当一个栏目的语言已经能被总结出套路时,它的语言也就慢慢缺乏了吸引力。因此,传播主体在对文本主体进行归纳、引申、推想、推理过程时,必须要树立以接受主体为参照的意识,同时只有通过强化自身理解力、观察力、想象力、分析力、感受力、表达力、回馈力、调检力,以激发接受主体的全方位感受为诉求,才能实现包括传播主体、文本主体、接受主体在内的主体自觉全过程。

(四)规范传播

传统电视新闻语言传播多以文字稿件为依据,其业务能力集中体现为情、声、气一体运用外化的听觉表征:重视规范吐字与科学发声的结合产生的艺术合力——口腔的开合咬嚼力、唇的喷弹叼着力、共鸣的自如调节力,聚焦于对语言刺激“感之于外,受之于心”,对语言运用“情动于衷,声形于外”的语感通悟的能力,以及意欲体现出规范传播的语言功力。以“宣读式”“朗诵式”为代表的“字正腔圆”成为这种规范表达的集中代表。处于不同时代背景下的不同个体对于“字正腔圆”有着异中有同的表现:吐字归音时字头叼住弹出的力度、字腹的开度、声调的延展程度虽各不相同,但均讲究对音节处理的“枣核形”,只是“枣核形”的大小、形态、工整度或因朗诵式、宣读式、讲解式、谈话式的不同而呈不同样态,但它们都具有字正腔圆、呼吸无声、感而不入、语尾不坠、语势平稳、状态积极的规范特点。

---

① 毕研韬.解放媒体 复兴中华[J].青年记者,2008(18).

三、电视主播语言传播范式走向

(一)语境多元转向评价多元

语境细分使得电视新闻有声语言传播在不同的栏目和节目内容中展现出不同的取向和要求。譬如,同样是新闻类栏目,中央电视台的《朝闻天下》虽然在传播主流声音上和《新闻联播》要求一致,但相对加大了观众收视意愿更强的社会新闻、文化体育新闻、天气出行资讯和生活服务资讯的报道量;在形态上,节目从主持人表达、节目包装、演播室设计等元素入手,更趋时尚。在互联网时代,选择与被选择群体的数量均呈几何倍数增长,传统观念中的见仁见智就显示出更加多元的特质。除了中国广播电视协会负责评选的中国播音主持"金话筒"奖等传统奖项外,《新周刊》自1999年起每年发布的中国电视榜中均会有主持人榜的评选;中国金鹰电视艺术节自2003年起也设置了主持人奖项;2009年起华鼎奖也开设了主持人类别奖项。这些奖项的类型、目的、受众、标准都各有不同,其当选者的新锐度、鲜明风格、年度社会影响力往往更具号召力,有的奖项的受众追捧度和对社会造成的影响大有超越传统"金话筒"奖之势。这些都从不同方面对电视新闻语言传播评价体系进行了多维解读:是否在承担媒介的基本角色方面尽责;是否在满足社会发展的主流需要方面尽责;是否在前沿引领方面尽责。一切都表明,电视新闻语言传播形态及内容的日趋丰富,使得其评价体系日渐多元。

(二)能力集成转向权利集成

在网络时代,为了赢得时间优势和独家优势,直播成为常态。由于传播过程的实时互动,固有的"采、编、审、播"流程被打破,"播"与"采、编"等步骤同步进行的状态越来越常见。在此过程中,电视新闻主播往往一方面要连线前方记者,对话各方嘉宾;另一方面也需要站在新闻事件和节目整体框架的角度抛出相应问题,履行记者、编辑甚至主编的相应职能,语言传播主体从录播时代中报道流程的最末端一跃成为互联网时代下传播的最前端。以往为语言传播主体作出把关的部门主任、中心主任甚至是频道总监都主动或被动地将权力下放和前置。2014 年各大卫视针对马航 MH370 失联事件的系列直播报道就体现了这一趋势:传播主体要有迅速、高效地对素材进行分析、辨别、提炼的能力和在现场准确得当的归纳、追问能力,而这也需要具有相应的权力来做保证,否则当能力与权力不对等时,传播主体的传播能力就会受到压抑,传播效果也必然衰减。可以说,能力集成导致权力集成,反过来权力集成更促使当事人的能力集成。

(三)主体自觉转向观念自觉

"媒体的现代性革命,首先来自声音形态的革命。""人们试图摆脱'清教禁欲'色彩和纯政治性、精神性的象征色彩,而增加发声主体的个性。"① 在网络时代下,主体自觉将直接冲击原有的思维模式和传播观念,媒体对创作观念的认知日趋自觉。这具体体现为:创作空间更加自由——新闻选题范围逐渐扩展,呈现日趋开放的创作空间;创作动机更加综合——从多集中在上传下达的告知诉求到融合有告知、调节、分享、娱乐、协同、引领等多元诉求;创作形式更为多样——从播、说、叙、评彼此独立到彼此结合,从"声音+图像"到以湖南卫视开创性使用电视弹幕这一形式。这种观念的自觉伴随着思想疆域、情感疆域、感受疆域等多方面的拓展。作家曹文轩说过:"什么样的思想,什么样的感情,需要有与之相适应、相匹配的语言形式来表达。"② 而具体到互联网时代下的电视新闻语言传播,或是纠结于物质场地,或是超越物质场地,都应"最大限度地使用感官渠道,使得不同传播形式可以呈现于同一现实空间或想象空间之下"③。

(四)规范传播转向有效传播

如果说规范表达聚焦于语言传播创作层面,那么有效传播则聚焦于接受主体的全方位感受。前者着力于精准的专业技艺与清晰的业务标准,后者则着力于与时俱进的受众需求与鲜明的传播指向。这两者原本并非非此即彼的矛盾体,然而

---

① 张闳.现代国家声音系统的生产和消费[M]//媒介批评:第一辑.桂林:广西师范大学出版社,2005.

② 曹文轩.一根燃尽了的绳子[M].北京:作家出版社,2003.

③ 殷晓蓉.空间、城市空间与人际交往——人际传播的涉入和流变[J].当代传播,2014(3).

在过往的实践中却往往因偏重一隅而顾此失彼。《东方时空》原总制片人时间回忆当初创办节目遴选主持人的感受时曾说："（我）觉得那些主持人脑子有问题。不动脑子，不问人话，不是智商有问题，是什么？"①在时间看来，很多主持人的问题不在于不规范，而在于不够有效。已调离中央电视台的主持人崔永元在接受某次采访时说："以前我觉得，我们必须把自己扮演成一个知识分子，说话井井有条，有逻辑、有顺序。一开始我就是这样干的，我用过好的语言方式，可是我发现事倍功半。"央视前掌舵人，被认为是中国电视事业改革和发展的有力推动者的杨伟光生前接受《南方人物周刊》专访时表示："真正播音系毕业的学生要像崔永元这样主持节目是不可能的。我们挑选的一些有特点的主持人大都没有学过播音，崔永元、白岩松、水均益，都不是学播音主持专业的。"如果说之前还存在一些规范传播凌驾于有效传播的认知和案例，那么在互联网时代下，传播背景、传播内容、传播要求均呈现加速改变之势，电视新闻语言传播必然要求"摒弃空洞乏味、远离生动现实的状况，以平视的目光，富有情趣的语言表达和思想，给予普通受众平等感和亲切感"②。

电视主播的有声语言传播因其特殊性及示范性显示了社会对社会主流话语权的价值共识。在互联网时代，其范式走向必然是一场革新之旅。对相关范式的解读不仅是对专业主义的延伸，更是其跳出工具性，实现文化场域传播的实质推力，这将是大众传播中新的生机与通衢。

（作者单位：广东外语外贸大学新闻与传播学院）

---

① 莫静清.老兵未死，只是时光终究离散[J].壹读，2013(11).

② 张晓辉.从隐私公开现象看传播范式的改变——以电视媒介为例[J].现代传播，2006(6).

融媒体时代中语言传播的"微内容"生产

刘 楠

当今时代,"融媒体"的发展、应用及研究方兴未艾。融媒体时代的"融"不是一个简单相加的结果,而是一个相互支撑的状态,指的是由互联网联结,建立在彼此协同理念基础之上的多样化媒介合作状态。从内容生产的角度分析,这种合作不仅体现在媒介形态上的合作,还包含了传受双方提供和反馈信息的内容合作,其重要意义不仅在于受众实现了直接参与大众传播的全过程,更在于由于其交互的及时跟进,使得整个媒介内容因为他(她)的参加增加了新的循环和内容。特定的信息在传播过程中,每接触一次信息终端,都可以产生新的信息,并以更快的速度进入到新一轮的传播中,这被称为媒介融合中"互动信息传播的边际效用"。边际效用所体现的重要性在于通过互动传播有效提升媒介内容的信息增量。融媒体环境中受众在使用多样化信息终端的同时,会诱发信息的再生产(转发、跟帖、评论),并随信息源打包、更新,诱发新一轮的传播,这是融媒体时代舆论生成的重要方式。

"微内容"的"微",不仅仅是微小的意思。"微"是相对于"宏"内容而言的,实际上它指的是适合融媒体传播的"微型化"的内容制作。单元微型化的内容制作不仅仅考虑受众的接受便捷问题,还有数字化媒介时代内容生产集成化,便于组合、转换、通用、兼容、储存的技术要求。与传统媒介的"宏内容"相对应的是媒介融合下更适合编辑整合的"微内容"传播 。所谓微内容就是:最小的独立的内容数据,如一个简单的链接、一篇网志、一张图片、一段音视频，或者一个关于作者、标题的元数据等。制作微内容的成本很低，传播和营销成本也很低，经常以网络链接进行传播，资源没有限制，同时便于有效整合和互联互通，便于海量存储和有效链接，再加上网络数字技术强大的搜索聚合功能，瞬间可把这种看似微型而离散的信息价值聚拢在一起，便于“聚合—使用”，生成“记忆—缝合”的微型化媒介内容，形成强大的话语力量，蕴含丰富的价值表达。

一、口语传播的微内容要求体现“短、浅、软”的语体风格特征

(一)短

短，通常意义上可以理解为短小精悍。这不仅是指篇幅上的简洁、精练，还指话题上的具体、集中和实用。它的目的是适应融媒体时代受众以检索为主的信息浏览方式，以及利用碎片化时间进行信息消费的特征，侧重于融媒体时代受众接受信息的耐久力。同时，短的语体风格，也是一种开放式的“召唤结构”，会因其“提示功能”的强大，从而引发受众丰富多元的思考、跟进利于话题的交叉和拓展，有利于舆论的引导和催化。

(二)浅

浅，通常理解为“通俗易懂”，这里还指语意的直接、明了和显著，主要侧重于受众接收的效率和接受力。除此以外，语体研究中关于语言“层次的级差性”表明，浅的要求并不意味着语言一定越浅显、直白越好，而应该根据预设的传播议程和舆论指向，以及目标受众的实际接纳程度来加以分级和选择。在此意义上，关于浅的要求实际上是一种动态和量化分级的概念，有差别地指向不同的受众群体。

(三)软

软，讲求话语的“艺术和策略”，主要侧重于融媒体环境下受众对信息选择的关

注度和吸引力。融媒体时代媒介产业化的特征是“眼球经济”和“注意力经济”的强化。显著和标示性的传播风格是融媒体时代的总需求，语言传播在适度范围里寻找精确的个性定位，利于稳定“目标受众”和追随“偶然受众”，带来生动的传播效果。

二、内容上要求传播者更加注重“语境细分”“语效增值”“品牌建设”等方面的预先设计

(一)语境细分

这里的语境，不是指文本研究中的上下文语境，而是指广义的口语传播的实际媒介环境(包括受众的接收环境)。美国传播学者乔舒亚·梅洛维茨的媒介理论的要点是：由媒介造成的信息环境同样重要，在确定语境的界限中应把接触信息的机会当作关键因素。决定人们互动性质的，并非仅有自然环境(场所)本身，还有信息流通的形式(patters)，后者才是问题的关键所在。梅洛维茨认为，“真正不同的行为需要真正不同的情境”，正是不同情境的分离使不同行为的分离成为可能。新的情境要求人们采取新的行为，因为行为得适合具体的情境。

融媒体环境下对口语传播提出的语境细分需求，关键要从以下方面入手：

一是，联系异质化媒介传播样态，区分语境特征，制定合适的语言传播策略。

二是，研究新型媒介的传播特性，探索新颖的语言传播语境，尝试相应的传播方案。

(二)语效增值

“语效”，即语言传播活动的实际效果。融媒体环境中媒介内容的规范化生产及多媒介通路的“分发”方式本身就是一种“效用增值”的产业化行为。语效增值需求就是语言传播在多维度上展开的价值增值需求，要求口语传播者严格锤炼语言传播技能，提升语言在信息传递中的附加值。语效增值是建立在媒介融合带来的产业化整体效能增值基础上的。

从受众对语言传播的反馈来看，可以将语效对应三个层面加以分析：心理层

面、时效层面和范围层面。

1.在心理层面，语效包含着受众被影响程度“从信息接收至采取行动”，由浅入深的三个层级

(1)认知效果——作用于“思想领域”。传播者通过语言传播信息，受众对所接收到的重要的或感兴趣的信息内容明晰知晓并引发关注。受众在这样的传播效果中，往往表现出“获知和认识”的行为趋向，属初级的语效层级。

(2)情感效果——作用于“情绪领域”。传播者借助更有效的语言传播，使受众的固有态度和感受得到明显的改变。基于此，就可以进一步产生“喜欢和偏爱”的行为趋向，属较高级的语效层级。

(3)行为效果——亦称意愿效果，作用于“动机领域”。由于语言传播的完满、高效，受众会产生强烈的导向欲望和行动意愿。该行为趋向也表现为“相信并采取行动”的理想效果，属最高的语效层级。

2.在时效层面，语效包含着受众被影响强度“从当下作用至持久维系”，由近及远的两个层级

(1)短期效果——语言传播效果有限，仅满足受众单一或浅层的信息需求，具有短暂、浅层的特征。

(2)长期效果——语言传播效果长远，适应受众多重及深层的复合需求，具有持久、深远的特点。

3.在范围层面，语效包含着受众被影响广度“从目标受众到广泛受众”，由一至众的两个层级

(1)个体效果——语言传播目标固定，虽然效果产生迅速，但是由于受小众群体特征的限制，语言在形式与内容等多个方面表现得不够丰富，影响了语效范围的扩展。

(2)群体效果——在语言传播的目标选择上，着眼于相对广泛的受众群体，注

重对整个传播环境的适应和引导。但是由于兼顾各方,容易导致语言传播风格的单一和内容的泛化。

(三)品牌建设

品牌建设是经济学概念,在融媒体的大环境下,语言问题不是一个简单沟通工具的问题,它本身附带有符号价值。在融媒体的产业经济链中,语言的风格化和标志性是能够带来品牌效益的,并能以自身的品牌价值吸引客户,作为独立的价值元素被分派、捆绑进不同的渠道进行传播销售,形成全新的媒介产品,实现价值的循环。语言的品牌化是要进行预先设计和后续维护经营的,这就要求我们把融媒体时代的口语传播一并纳入产业化的流程中来考量,在语言教学上,不仅要进行战术训练,还要注重语言传播自身的战略考量,寻求更为精准的定位和包装。口语传播的微内容生产,可以通过与不同媒介通道的组合,实现社会和经济效益的最大化;口语传播的微内容生产,是最适合品牌化建设和产业化运作的。

融媒体时代口语传播的微内容生产,实际上意味着一种更加宽容、开放的语言观的形成;意味着传播视野要容纳并协同多样化媒介,要考察传播、接受、反馈的全过程,要关注信息循环、舆论流变和媒介经济的大系统;是"语言传播生态观"的体现,必将成为媒介融合时代传播内容生产的一种常态诉求。

参考文献

李怀亮.新媒体:竞合与共赢[M].北京:中国传媒大学出版社,2009.

王菲.媒介大融合——数字新媒体时代下的媒介融合论[M].广州:南方日报出版社,2007.

宫承波.新媒体的多维审视[M].北京:中国广播电视出版社,2008.

石磊.新媒体概论[M].北京:中国传媒大学出版社,2009.

QUINN,FILAK.媒介融合——跨媒体的写作和制作[M].任锦鸾,译.北京:人民邮电出版社,2009.

赵多佳,许秀玲.内容—受众—传播:广播专业化概论[M].北京:中国国际广播出版社,2008.

陈永庆.BBC:世界传媒王国的成长之路[M].北京:华夏出版社,2009.

陆小华.新媒体观——信息化生存时代的思维方式[M].北京:清华大学出版社,2008.

周笑.重构中的媒介价值[M].上海:复旦大学出版社,2008.

张咏华.大众传播社会学[M].上海:上海外语教育出版社,1998.

鲍德温,等.大汇流——整合媒介信息与传播[M].北京:华夏出版社,2000.

施拉姆,伯特.传播学概论[M].北京:新华出版社,1984.

水越伸.数字媒介社会[M].冉华,于小川,译.武汉:武汉大学出版社,2009.

(作者单位:中国传媒大学播音主持艺术学院)

论新媒体时代有声读物的发展及其审美空间

王天一　徐树华

有声读物伴随着广播而生，经历了繁荣和低迷之后在新媒体时代又迎来了新的发展契机。新媒体背景下的有声读物，可以不依靠广播和纸质出版物而独立出版，成为知识经济时代付费阅读的内容主体。但当下，有声读物行业内存在诸多乱象，大量的有声读物作品语言苍白、制作粗糙，只能勉强传递信息，无法带领听众到达语言的审美空间。因此，在新的传播环境和时代潮流下，如何构建有声读物的审美空间，不断提升有声语言创作的审美品格就成为新媒体时代的一个重要议题。

一、起源和发展

现代意义上的有声读物初创于美国。1931 年美国盲人基金会（AFB）和国会图书馆确立了“会说话的书”计划，为在“一战”中受伤的老兵和其他视障人士提供有声阅读材料。该计划将包括海伦·凯勒、爱伦·坡的作品、莎士比亚的剧作和诗歌、《圣经》、美国独立的文件和爱国宣言等录制成有声读物。在盒式磁带发明之后，有声读物有了更为方便的载体。1986 年音频出版商协会（Audio Publishers Association）成立，这个非营利性的行业工会促使出版商联合起来共同推动有声读物的发展，并为整个行业提供统计数据。1996 年音频出版商协会创立了“奥迪奖”

(Audie Awards),该奖项被称为有声读物界的奥斯卡奖。2017 年度的“奥迪奖”宣布评选 26 类奖项,包括广播剧、小说、传记、奇幻、最佳设计奖、最佳销售奖、最佳男主播(best male narrator)、最佳女主播(best female narrator)等奖项,共 175 部作品入选。欧美有声读物市场的火爆得益于成熟的行业规范和多样化的商业模式,同时数字技术的发展催生了亚马逊 ACX(Audiobook Creation Exchange)等自助出版平台,这些平台给有声书制作者提供了便捷高效的操作空间。美国音频出版商协会(APA)发布的报告称,美国仍然是有声读物最大的市场,2017 年的销售额即超过 25 亿美元,其在 2016 年也达到了 21 亿美元。2017 年,美国将发布超过 79,000 个新的有声读物,比 2016 年增加 29%。反观国内的有声读物市场还存在着行业标准缺失、版权纠纷频发、制作水平低下等现象。这一系列乱象的背后是内容制作过于随意、创作者缺乏审美意识和传者担当等不良因素在作祟。行业呼唤好的作品,只有提高有声读物的创作水平,才能从根本上规范市场,培养大众的有声阅读习惯,推动优秀文化的传播。

二、新媒体时代的有声阅读生态

新媒体环境下,有声读物呈现出媒介融合的态势,这个时期的有声读物主要包括以下四类:广播电台制作的内容、专业制作机构生产的内容(OGC)、专业用户生产的内容(PGC)和普通用户及演播爱好者制作的内容(UGC)。长期以来广播电台制作了大量精良的有声读物,如北京人民广播电台播出的《夜幕下的哈尔滨》,上海人民广播电台的《刑警 803》,以及多地广播电台联合制作的大型百集广播剧《孙武传奇》等,都体现出高超的制作水平和对演播艺术一丝不苟的追求。新媒体时代的广播有声读物不再受制于电台节目稍纵即逝、无法保存的技术,通过“中国广播”等手机 App,听众可以方便地检索和回听之前的节目,也能避免被广告打断收听。但是广播电台毕竟资源有限,其作品也呈现出一定程度的同质化;同时,广播的播出形式使一部完整的作品被分割,不能给受众连续的收听体验,不利于受众欣赏长篇作品。新媒体时代受众获取信息呈现出碎片化的趋势,人们在搜索信息的过程中表现出一种后现代的观看方式——瞟。伯纳德·沙拉特在解释当代文化中存在的四种观看模式时指出：瞟(glance)指的是一种瞬间的或迅速的观看形式，其中有一种“迅捷的记录”和一种瞥视与凝视的推迟。一部分传统的广播有声读物，由于篇幅过长、节奏缓慢，并不适应新媒体的传播方式和人们的阅读习惯。

2003年北京鸿达以太公司投资建设了国内首家听书网站“听书网”，开启了听书网站主导市场的时代，此后“天方听书网”“酷听网”等听书网站和文化公司开始尝试自主制作专业有声读物。这些网站和公司的努力大大增加了有声读物的数量，出现了如《斗罗大陆》《斗破苍穹》等红极一时的作品。这些网站和文化公司在创作中将有声小说和广播剧相结合，创作出“小说剧”这种新颖的有声读物形式。在有声读物市场不断升温的同时，互联网上活跃着一批配音爱好者，他们组成广播剧社来制作非营利性质的广播剧，如声创联盟、决意同人、翼之声等知名剧团制作的广播剧，其质量上乘，对有声读物行业影响深远；再如广播剧《华胥引》《微微一笑很倾城》《花千骨》等，在被改编成电视剧前就已经颇具影响力。但是新媒体时代的到来打破了这种生态空间，喜马拉雅等听书App的出现降低了进入有声读物行业的门槛，普通用户可以随时生产自己的有声书，专业制作公司出版的有声读物由于难以赢利而举步维艰，有声读物网站纷纷亏损，造成一时间有声读物无人去录的局面。有声读物暂时的低迷恰恰证明了新媒体时代传播技术的发展对有声读物的质量提出了更高的要求，为了获得用户的碎片化时间，听书App势必要和手机游戏、短视频等视觉产品竞争。只有真正有价值的作品才能取得用户的青睐，铸造良币驱逐劣币是有声读物行业的发展方向。

作为一种听觉文化，有声读物有着天然的优势。现代消费社会是一个视觉文化霸权的社会，为了应对视觉文化的霸权，媒体向听觉文化转向是必然的。沃尔夫冈·韦尔施在《重构美学》中就提出：“在视觉雄霸了我们两千多年后，听觉理当得到解放。”韦尔施指出，听觉文化将加深我们对他人和自然的关怀；听觉文化没有视觉文化中“看”与“被看”的二元对立，它追求共生，追求人类和世界的生态整合。文学是诉诸想象的艺术，通过视觉或听觉阅读是一个要通过想象来完成认知和审美的过程。阅读方式的转变引起审美心理的转变，有声语言特殊的美学空间和文化空间值得我们进行深入的挖掘。

三、建构有声读物的审美空间

（一）真实的情感是审美之基

张颂老师在《论语言传播的三重空间》中为语言划分了三重空间——生存空间、规范空间和审美空间，他提出："进入审美空间的语言，包含着历史的厚度、时代的高度、哲理的深度，言简意赅、辞约义丰，使人心驰神往、流连忘返。"对于有声读物作品来说，真实是忠于原文、忠于时代，是艺术的生命；而情感是建立在真实的基础上所表达出来的最恰切的感情。真实的情感是有声读物的生命和灵魂。有声读物通常不对作品做改动，而是保持阅读的原汁原味，有些作品以长书短读的形式出现，将大部头作品进行缩编，如上海人民广播电台制作的简读版《霍比特人》，在保持故事框架不变的情况下缩减内容以适应快速的传播。两位演播者满超和宝木以符合时代和人物性格的真实、鲜活流动的情感生动地演绎了这部作品。真实的情感是演播人员的必备之功，录制广播剧时演员面对的是毫无依托的完全想象的空间，在没有支点的表演环境下表现真实恰切的情感绝非易事。由于很多有声读物是演员单独录制再进行混音，往往会出现空间远近不对位、关系亲疏不一致的窘境。

（二）在伴随性与场景化中找寻审美空间

音频媒体的特点与优势之一是它的伴随性。这种伴随性体现在声音媒体可以在不干扰人们日常生活的情况下进行传播，广播、有声读物、音频课程等内容可以适应更多样化的传播场景。对于有声读物来说，这种伴随是具有人文关怀的、有温度的伴随，使听者获得某种共情和心灵的陪伴。这种陪伴是通过人来实现的，虽然TTS（text to speech，即从文本到语音）技术已经可以将大部分文本直接转换成语音，甚至可以达到语句间平滑的连接与精致的韵律，但是这种缺少情感和思想的合成声音，很难让人产生审美愉悦。听觉艺术相对于视觉艺术来说是一种柔化的艺术，高超的听觉艺术应该如水一般善利万物而不争，电视、移动视频、手机游戏会强迫人去注视它，从而获得对人的支配，而有声读物进行的是不妨碍视觉的、非霸权的、私密的、不间断的陪伴。当听者在这种陪伴中感到安全、慰藉甚至获得审美愉悦时，他便愿意继续收听下去。所以，有声读物播讲者要注意在语言中保持一种亲切的距离感，营造出和谐的听觉空间，与听者进行不带有压迫感的、自由的情感交流。而如何营造和谐的听觉空间，则需要注意音频媒体的场景化传播。

如今人们可以在开车、走路、乘地铁、做家务等各种场景中收听有声读物。如同人们在收听音乐时可以根据收听场景进行细分一样，有声读物因为文本、播讲方式、制作风格等的不同，与某些场景有着天然的契合度。如一部悬疑广播剧可能更适合在家收听；在公园夜跑时，收听一本哲学著作或许更能体会到宇宙和人生的奥妙。有声读物通过语音、音乐、音响调动人的听觉，引起联想和想象，从而达到审美体验。不同的有声读物所营造出的想象空间不同，这个想象空间之中蕴含着审美的空间。从中国古代美学的角度来看，这个审美空间应该是一个和谐、自然的空间，是老子的"有无相生，难易相成，长短相形，高下相倾，音声相和，前后相随"，是宗白华所说的"我们的空间意识的象征不是埃及的直线甬道，不是希腊的立体雕像，也不是欧洲近代人的无尽空间，而是潆洄委曲、绸缪往复，遥望着一个目标的行程（道）！我们的宇宙由时间率领着空间，因而成就了节奏化、音乐化了的'时空合一体'"。

建构有声读物的审美空间，要求有声读物的演播与制作对作品本身有整体的把握，其中旁白的播讲尤其重要。很多演播者往往用力不均，让人感到压抑或突兀，破坏了审美空间的和谐。从听者的角度来看，这个声音作品就从伴随状态中被割裂开来。当声音作品达到一种和谐的伴随状态时，听者会对有声读物产生信任和依赖感，进入作品构建的想象空间中，产生对内容的持续关注。这对于人们被互联网媒体培养出的碎片化阅读习惯有很好的矫正作用。

（三）从审美心理学构建平衡的审美空间

听众对有声读物的审美心理是一个复杂的系统，它既包含个体的审美心理结构,又包含社会审美心理的沉淀。阿恩海姆在《艺术与视知觉》中利用格式塔心理学的原理对艺术视知觉的诸多方面进行了分析,并提出了平衡艺术的理论。所谓平衡的艺术是指力的平衡,当各方面的力达到一种相互抵消的状态时,这个艺术品就达到了一种理想的平衡状态。这种艺术创作中的力,阿恩海姆称之为直觉力,它存在于人的审美心理领域中。在视知觉艺术的绘画中,阿恩海姆认为力的要素主要包括重力、方向和方位,达到这些平衡要素的艺术是最稳定的。平衡的艺术达到一种完美的状态,给人内心的愉悦。

将这种理论延伸到听觉艺术中,我们可以发现听觉艺术同样追求达到审美空间的平衡。音乐节奏的回环往复,不同声道对听觉空间的营造,电影中复杂的音响效果通过音乐、音效、人声甚至噪音的叠加达到整体的和谐,这些都是在追求一种审美空间的平衡。在有声读物中,当各部分与听众的距离达到流动的平衡时,听众的审美体验便达到了一种完美的状态。在中版有声制作的广播剧《茶馆》中,演播与听众的关系一直保持在平衡的范围内,十几个人物你来我往、主次分明,始终保持在和谐的话语场内。达到艺术作品的平衡状态是个复杂的过程,只有各创作者之间配合默契,才能给人以和谐的审美体验。

结　语

国内有声读物的发展还处于刚刚起步的阶段,新媒体时代的有声读物有着广阔的发展空间,如何脱离以往有声读物制作的窠臼,创作符合新媒体传播方式的、具有文化传播价值的新型有声读物,提高有声读物的制作水平和美学高度,是业内和学界孜孜不倦的追求。新媒体时代,声音的价值不断被发掘出来,有声读物作为声音媒体内容创新和价值创新的重要阵地,不仅要深化同互联网的融合,提升制作水准,更要从审美层面把握有声读物的独特价值,使有声阅读成为被大众接受的阅读方式,促进经典作品的有声化,推动优秀文化的传播、传承。

参考文献

鲍尔德温,等.文化研究导论:修订本[M].陶东风,译.北京:高等教育出版社,2004.

韦尔施.重构美学[M].陆扬,等译.上海:上海译文出版社,2002:209.

陶东风.大众文化教程:修订版[M].桂林:广西师范大学出版社,2012.

彭吉象.艺术学理论与影视美学治学心得——与青年学者共勉[J].民族艺术,2015(2).

梅慧.播音语言审美空间探析[J].当代传播,2012(1).

宗白华.中国诗画中所表现的空间意识[M]//宗白华全集:第2卷.合肥:安徽教育出版社,1994.

KOZLOWSKI M. Global audiobook trendsand statistics for 2018[EB/OL].(2017-12-17). https://goodereader.com/blog/audiobooks/global-audiobook-trends-and-statistics-for-2018.

(作者单位:中国传媒大学播音主持艺术学院)

浅谈融媒体时代节目主持人的品牌塑造

任　晖

伴随着融媒体时代的到来,越来越多的年轻人加入主持人的行列,扮演起了广播电视"代言人"的角色,以各自独特的风采展示了他们的文化、修养、阅历、爱好、兴趣以及语音条件、表达技巧等,不仅为主持界增添了新鲜活力,也为媒体的创新发展起到了较好的作用。然而,就整个广播电视主持人队伍的现状来说,从业者的综合水平又是良莠不齐的。要想在融媒体激烈的竞争中拥有一席之地,主持人树立自身的品牌形象显得尤为重要。作为广播电视节目主持人,怎样才能在主持人队伍中脱颖而出,塑造好自身的品牌形象呢?在笔者看来,德行修养、专业技能和文化积淀是构成主持人品牌形象的基本要素。

一、德行修养是主持人塑造品牌形象的灵魂

师言:"德是下功夫,是有志于道;德在内心而行之于外。"德行是一个人内心的自我修炼与外在言行的集中表露。任何人做任何事,德行修养都要放在第一位。因此,德行也应该是统领主持人自身品牌塑造的灵魂。

（一）政治道德

政治道德，通常是规定从政者和政治生活参与者的准则、规范。主持人每天都参与媒体的讯息传播，理所应当是政治生活的参与者，不论在哪个国家、属于哪个政党、效力哪家媒体，都必须遵循相应的准则和规范。

在中国，共产党是执政党。作为政治生活重要参与者的媒体主持人，自然要明确自己是在中国共产党领导下的媒体平台工作，理应遵守中国共产党的准则和规范。习近平总书记对新闻工作者提出的第一点希望就是"要坚持正确的政治方向，同党中央保持高度一致，做政治坚定的新闻工作者"。

也许有人会说，西方社会不是这样。2016 年美国大选，有媒体把希拉里"邮件门"事件翻来覆去扒了个底儿朝天；也有新闻女主播爆出特朗普的桃色猛料，把他抖落成个"老色狼"。表面上看，西方媒体似乎很自由，可以批评政府，甚至"骂"总统。但深入观察我们不难发现，凡是倾向共和党的媒体绝不挖特朗普的丑闻，凡是民主党的媒体也绝不刨希拉里的老底。这就足以说明，任何媒体及其从业人员都是有一定的政党立场和政治倾向的，都必须遵守相应的准则和规范。

（二）社会公德

社会公德是公民在社会生活中必须遵守的行为准则，是维持社会公共生活正常、有序、健康进行的基本条件。节目主持人身为公众人物，地位特殊，对受众有极大的导向性和影响力，尤其是对青少年朋友，会产生不可小觑的跟随效应。主持人好的示范可以引导他们正向发展，而坏的示范也会引起他们的模仿跟随。因此，节目主持人理应比一般民众更注重社会公德，更应该严于律己，给社会做好示范，给公众带个好头。在现实生活中，一些主持人常常不顾及自己的行为，没有起到良好的示范作用。如有些主持人不守交规，酒驾撞人；有的倚借名声，私下捞金……这些有失社会公德的行为不仅毁坏了自身的形象，还给社会造成了极大的负面影响。

（三）个人品德

英国哲学家佛兰西斯·培根说过："把美的形貌和美的德行结合起来吧，只有这样，美才会放出真正的光辉。”备受瞩目的节目主持人，怎样才能展现美的光辉、树立美的“形象”呢？

(四)正义感

主持人处在舆论最前沿，要理直气壮地弘扬正能量，铁肩担道义，讴歌真、善、美，鞭挞假、丑、恶，发挥引领作用，始终坚持正确的舆论导向，旗帜鲜明地支持和声援那些正义的人和事，反对和声讨非正义的丑恶现象。

(五)责任感

只有肩负责任、心里装满爱才能做好新闻主持人。

央视著名主持人敬一丹是主持界的“一姐”。汶川大地震时，她主动请缨去现场。地震发生突然、破坏性超出想象、大小余震接连不断，作为一名女性主播要在这样的境况下进行采访报道，难度可想而知。但她毫不在意，她认为到一线把真实的灾情传播出去，是一份责任。

可是，有些主持人却不是这样。别说到危险艰难的地方，就是大热天到工厂、农村去采访都叫苦连天；有些主持人总觉得自己“贡献”很大，而媒体“亏欠”自己太多，这也不顺眼，那也不如意，全然忘却了自己的职责所在。

(六)言行一致

一个主持人的德行修养好不好，不仅要看他在主播台上“说”得好不好，更要看他在日常实践中“做”得好不好。只有思想与行为相统一，言行一致，才能真正摒弃“台上说一套，底下做一套”的不良习气。

崔永元在当年主持的《实话实说》节目中，因为亲切自然的主持风格、邻家大哥的朴素形象以及真实感情的言语表达，受到观众的喜爱。时至今日，即使他已经离开了央视也言行一致、表里如一。

与此相反，有的主持人虽然在台上幽默、风趣、亲民、机智，赢得很多粉丝的追捧与喜爱，但在台下却一反常态，与酒肉朋友胡吹乱侃，甚至荒腔走板地用唱词诋毁领袖人物,将自己长期打造的品牌形象彻底摧毁。表里不一的行为,使他们最终被淘汰“出局”。

二、专业技能是推动主持人飞翔的翅膀

进入融媒体时代,所有媒体都不再依靠单一手段进行传播了。报纸利用手机终端传送视频,电台与民间社团联手开展视频直播活动,一大批新生主持人应运而生。加上原有的电视新闻、综艺、社教、体育、少儿、经济等栏目的主持人,林林总总,不一而足。尽管节目类型不同,主持人的风格也千差万别,但媒体对主持人的专业要求却是相通的。

(一)语言功底

语言表达是主持人最重要的基本功。

不得不承认,前些年快速发展的媒体似乎已经来不及用更多的时间来慢慢培养主持人了,供不应求的局面使许多年轻人还没出校门就被“预定就岗”了。这让他们认为,只要脸蛋好、普通话标准就足够了,不太重视语言表达的锻炼。其实,语言功底和表达能力同样重要。董卿是央视著名文艺节目的主持人,她在《挑战不可能》节目中当评委,开心、卖萌、惊讶、流泪,各种表情真实自然,许多点评准确到位,有时妙语连珠,富含哲理。如果董卿没有足够的语言功底和表达能力,是做不到这些的。

(二)情感表达

情感表达是节目能否成功的关键。

主持人应将内心情感在自然、真实的状态中外化,而不是通过表演、煽情来刻意呈现。主持人不是演员,主持也不是演戏,只有用真实的情感与受众交流,以诚相待,主持的节目才能获得受众的认可。当然,主持人对自己真情实感的表现也要拿捏好分寸。狂喜、极悲、愤怒等情绪都是不妥的。有的主持人把握不好分寸,言

辞非常露骨，犀利地对受众大加指责甚至粗鲁地破口大骂，不加掩饰地流露自己的批判态度，不仅严重伤害了对方的感情，也损害了自己的形象，这是不值得提倡的。

（三）机智敏锐

机智敏锐是主持人必备的重要技能。

在现场直播或者采访提问中，主持人的机智敏锐显得尤为重要。凤凰卫视的胡一虎，之所以能够从一个普通的农家子弟成长为享誉华人世界的著名主持人，机智敏锐就是一个重要的原因。1994 年，曼德拉当选为南非总统，胡一虎主动请缨去采访，谁知一到现场，人山人海，别说采访，想要接近曼德拉都不可能。但胡一虎急中生智，挤到曼德拉的必经之路，机敏地一边挥手，一边不停地用刚学会的土语高喊："天佑南非，曼德拉万岁。"这一招终于引起曼德拉的注意，他转身走过来握住胡一虎的手。胡一虎抓住难得的机会，向曼德拉提出了几个精心准备的问题，曼德拉一一做了回答。同来的摄影记者及时地把镜头对准他和曼德拉，他由此成为亚洲唯一一个在南非总统就职典礼上采访到曼德拉的人。

三、文化积淀是主持人茁壮成长的沃土

尽管不同的时代不同的主持人有着不同的主持特色和主持风格，但是，拥有渊博的知识是主持人的共同追求。文化积淀是主持人茁壮成长的沃土。优秀主持人共同的特性，就是善于积累、博学多才，广泛涉猎各领域、各学科的文化知识，并且注意搜集、整理、研究国内外的文史资料，充实自己的头脑，做到"读书破万卷，开口如有神"。

董卿在主持《中国诗词大会》中再次凸显出她深厚的文化积淀。现场主持时，董卿诗词歌赋信手拈来，名著典故脱口而出，赢得观众阵阵掌声。台湾东吴大学副教授曾泰元也曾和一些观众对董卿表示过质疑："董卿是真的这么厉害，还是节目组帮她准备的？"百人团选手盛梦珂立即发微博，证实现场没有提示器，所有嘉宾、选手、百人团的诗词互动全部都是即兴发挥的。嘉宾郦波首次出场时，特意送给董

卿两句诗:"若似月轮终皎洁,不辞冰雪为卿热。"董卿赢得如此多的赞扬,源于她日积月累的勤奋好学。正如她自己所说:"你日常阅读过的文字,都会化成你的气质。"这也应了古人所言:"胸藏文墨怀若谷,腹有诗书气自华。"

节目主持是一门独特且实践性很强的艺术,出色的主持人必须具有丰富的文化内涵。然而,这样的内涵绝非一纸"文凭"就能概括,也不是一时半会儿就能获得,而是要通过大量阅读,靠平时一点一滴积累,一心一意践行才能铸就。当主持人以丰厚的文化知识作底蕴时,其语言不仅优美典雅、不落俗套,其举止也会自然地流露出由内而外的高雅气质。

当然,节目主持人的品牌塑造不是一蹴而就的事,它是由多方面因素构成的。在融媒体的大环境中,一个具有品牌形象的节目主持人不仅要用自己的所学、所思、所感给观众带去欢乐,更要树立积极向上的世界观、价值观和人生观。作为一个接受公众关注和监督的公众人物,主持人在注意个人的语言、形象、行为的同时,也应该将一个表里如一、言行一致的、大写的"人"展示给广大受众,应该将自己积淀的综合能量回报社会、回报民众,不断"完善德行修养,提升专业技能,增厚文化积淀",在激烈的竞争中,力求塑造一个适应时代发展需要且有鲜明立场和个性特征的优秀节目主持人品牌。

参考文献

马静.播音发声教程[M].济南:山东人民出版社,2011.

播音主持艺术学院.播音主持艺术 10[M].北京:中国传媒大学出版社,2010.

宣宝剑.媒介形象[M].北京:中国传媒大学出版社,2009.

(作者单位:江苏南通广播电视台)

浅析信息技术发展对播音主持艺术教育的影响

阎 亮

近日，教育部语言文字应用管理司原司长姚喜双老师为中国传媒大学播音主持艺术学院的学生做了一堂精彩的讲座。讲座中，姚老师对全面建立中国特色社会主义播音主持体系的分析和展望，给了大家很大的启发并引起了深深的思考。在这个全面建设小康社会的决胜阶段，完整建立中国播音主持体系还需要补短板、促发展。而在这个信息技术取得突破性进展的时代，“补短板、促发展”的内涵包括了太多技术因素。身在播音主持教学一线的教师，正在经历并创造着信息技术发展背景下播音主持教育的改革。本文试图梳理并分析这种信息技术发展对播音主持艺术教育的影响，希望能为播音主持体系的全面建立有所贡献。

相比 20 世纪，今天人们的社会生活发生了极大变化。互联网思维、互联网技术已经被广泛应用于社会生活的各个层面。而播音主持艺术教育的重要应用阵地——媒介，其格局也发生了翻天覆地的变化。喻国明在《传媒经济学》中提出，媒介融合是指报刊、广播电视、互联网所依赖的技术越来越趋同，以信息技术为中介，以卫星、电缆、计算机技术等为传输手段，数字技术改变了获得数据、图像和语言三种基本信息的时间、空间及成本，各种信息在同一个平台上得到了整合，不同形式的媒介彼此之间的互换性与互联性得到了加强，媒介一体化的趋势日趋明显。现在，无论是学界还是业界，“新媒体”“新媒体时代”“视频时代”“全媒体时代”“媒介融合”“媒体融合”等各种形容媒介格局的新鲜词语不绝于耳。而这一切皆源于信息技术的进步和发展。人们获取、分享、传播信息的方式都卷入了技术进步的浪潮之中。

在播音主持艺术教育中,这种技术的进步和变化也越来越多地被运用,并且改变着原有的教学模式。因此,认识并重视技术的重要性在播音主持艺术教育中显得日趋重要。

区别于其他普通类专业,播音主持艺术教育的实践性极强。经过几十年的磨砺和发展,播音主持教学已经发展为“大课与小课结合,实践与理论兼顾,校内与校外并行”的良性模式。但也正因其实践性强,很多高校都倾力于专业硬件设施的打造,诸如建录音棚、摄影棚、虚拟演播室等,寄希望于“有了先进的硬件设备就可以培养出优秀的专业人才”。对于专业软件的认识,大多着眼于师资力量、师资的教学和实践水平上。这些观念在曾经的特定时期和特定环境下对专业建设发挥了巨大的推动作用。今天,信息技术的高速发展又给我们提出了新的时代命题——如何利用信息技术进一步完善和发展播音主持艺术教育。

一、信息技术手段创造互动平台

以往教学中的师生互动都在课堂,不管是大课还是小课,一教一学皆受时间和空间的限制。而播音主持艺术教育需要持续不断地在实践中进步和成长,需要学生大量的练习和深入的思考分析才能有所收获。要达到这些,仅靠课堂上的时间是远远不够的。为学生提供方便、直观的课下学习互动平台一直是播音主持艺术教育的短板。

今天,信息技术的高速发展为我们的生活带来了便捷高效的互动体验,同时也为播音主持艺术教育的课下学习提供了诸多可能。我们可以通过超大空间的网络云盘将教学素材打包上传,以网络共享的方式为学生创造学习平台。云盘分类上传优秀作品资料,包含各类有声语言作品的影音资料、文字材料等。这些作品可以不定期更新,学生可以随时下载观看,利用碎片时间进行学习并上传作业。教师也可以利用空闲时间及时下载学生作业，录制意见和点评并上传至云盘反馈给学生。这一平台不仅为学生提供学习基地，还能成为师生课下非实时互动的交流空间。并且利用云盘进行作业互动的方式，便于双方保存资料，记录学习过程，学生的学习进度和成长一目了然。

另外，微信、微信群也正在成为师生互动的主要交流方式：课程作业、教学计划等教学信息的发布变得方便高效；专业文章和课外知识的转发补充了课堂教学；课堂信息的遗漏和更正也可以及时增补。这种生动、立体、全面的互动平台使教学效果明显增强。特别是微信群的引入，方便师生共同收听、收看每个学生的专业作业，可以分享和探讨专业困惑，不仅练“播”“说”“诵”“评”，也能练“听”“看”“辨”“析”。

二、信息技术设备充盈教学课堂

智能手机、平板电脑等在学生的日常学习和生活中已经非常普及。这两种终端设备已经逐渐成为当前最为强大的全功能信息技术设备，不断丰富着我们的教学形式。从板书到幻灯片，再到 PPT，再到双屏教学，教师在课堂中的教学形式因技术设备的更迭而不断变化，教学效率也在稳步提升。

今天的学生，在课堂上用手机随时记录教学 PPT 或者授课的精彩内容已不罕见。虽然这种形式相较于传统的“笔记”显得过于方便，且这种“方便”备受教育界部分人士的指责（主要强调“笔记”的方式更用心），但其易于保存、整理、观看的特点还是得到了越来越多学生的认可。与其分辨两种方式哪种更用心，不如在如何增强学习效果、提高学习效率上多下功夫。

当然，如果未经教师同意，学生利用信息技术设备对教学 PPT 和教学过程进行拍摄甚至是直播，就有侵犯教师个人隐私和 PPT 版权的风险了。为了趋利避害，我们提倡教师将课程内容共享于教学云盘，允许学生下载或分享。但是，想避免课程被直播越来越难。如果教师无法做到让课堂中的学生不使用手机，那就该在提升教学品质和活跃课堂气氛上动些脑筋，以期在直播中拥有一个良好的个人教学形象。

在播音主持艺术教育的专业小课上，信息技术设备的应用更加多样。在口语表达课程中，学生可随时随地用手机拍摄口语课视频作业，携带方便、操作简易。即便在较高的教学要求下，很多先进的手机终端也可以录制1,080P甚至4K的高清视频作业，让方便与质量同在。在视频外拍采访课程中，手拿自拍杆用手机独自进行报道的例子也越来越多。在电视播音主持课程中，平板电脑，比如iPad，正在提供无纸化的操作手段，方便快捷、低碳环保。学生可以借助平板电脑进行图片、文字、音视频材料的展示，操作方便、可感性强、易于接受。另外，“平板电脑＋蓝牙”的提词模式，也将传统的提词器大为优化。

这些技术设备，形式新颖，互动性强，与传统教学手段不断拼接、叠加，骨肉相连般地交织融合。当然，这些应用对教师的备课、与学生的互动提出了更多、更高的要求，同时技术的支持和保障也开始成为课堂教学的一大难题。因此，这些方法目前仍属于不能全面普及的尝鲜型教学手段。

三、信息技术产品丰富教学形式

前面曾经提到，播音主持艺术教育的实践性极强，学生在学习与训练中对个人专业实践技能的提升非常重视。但即便在专业课时间，学生也不可能始终占据着专业设施进行实践学习，课下时间短暂开放的录音棚、摄影棚，也不能满足学生日益提高的专业训练需求。没有真实的录制环境就难有实际播出的状态，专业训练的实践性、真实性、体验感，都难以得到满足。

信息技术的发展不仅迅猛、高速，而且无处不在。以“配音秀”为代表的信息技术产品开始涉足有声语言艺术的专业领域，至今注册用户已经超过2,000万。这是一款娱乐类手机软件，也是全球首款手机配音软件，它为手机用户打造了一个提供原创配音短视频的社区。用户可以通过手机直接配音，模仿原声或者创意编词，该软件甚至可以用方言，这些设置都为配音带来了不一样的乐趣。

在如今的播音主持艺术教学中，不少教师借助“配音秀”这样的专业App，辅助有声语言艺术课程的教学，丰富教学和作业形式。这些软件产品，简单易学、素材丰富、创意无限、效果逼真，录制后可以调节人声和环境音的大小比例，再搭配上各种音效后十分生动，真实感强，甚至与原片无异，给学生带来极大的专业体验感、满足感和成就感。

教师在保证主流教学的前提下，可以借助信息技术产品的专业分类（动漫配音、影视剧配音、广告配音、游戏解说、体育解说、纪录片解说等）为学生布置作业，用软件辅助专业教学，丰富教学形式。

四、信息技术应用提供展示平台

尽可能多地为学生提供实践播出平台，一直是高校播音主持艺术专业的建设目标。为此，但凡开设播音主持艺术专业的高校，都会竭尽所能地与各种媒体合作，搭建实践基地，为学生提升专业能力、适应媒体工作环境提供保障。

近些年，信息技术应用为这一实践需求提供了更多元的展示平台，尤其是互联网。中国传媒大学播音主持艺术学院的口语表达课，曾经借助学院官网和新浪微博、播客等平台展示学生口语课作业。即学生将作业放在网上展示，接受网友的评论和反馈。这一举措给学生以适当的压力，有效地调动了他们的实践积极性，他们所提交作业的质量有了明显提升。

今天，以“喜马拉雅 FM”为代表的互联网音频分享平台为广大声音爱好者提供了舞台。“喜马拉雅 FM”是国内音频分享平台，用户规模已突破 2 亿。截至 2015 年 12 月，“喜马拉雅 FM”音频总量已超过 1,500 万条，单日累计播放次数超过 5,000 万次。这个平台吸引了大量有声语言爱好者传递和分享他们的音频作品。我们的播音主持艺术教育也正在尝试借助“喜马拉雅 FM”为学生提供更加专业、更加完整的实践展示平台。学生可以在平台上制作有声小说，开办脱口秀节目，甚至创办个性化电台。

另外，信息技术的发展除了为播音主持艺术教育的教学形式、教学手段、展示平台提供便利外，还为教师尝试专业考试改革提供可能。例如，传统的集中时间、规定地点的现场专业口试，可以被“学生提前录制并上传至云盘、教师集中听评”的方式取代。这种方式节约人力、物力与时间成本，也可以有效地减少由于现场时间过长而导致考试中教师懈怠的问题。当然，也有部分教师认为这种考核方式因缺乏仪式感而失去了考试的意义，或者学生自己录音会因为设备不同而导致听评标准失衡。任何新生事物的出现或者新形式的采用，总会带来争议，但不可否认的是，信息技术的发展的确为我们提供了多种形式的选择。

如今的播音主持艺术专业在全国遍地开花，播音主持艺术教育也在几代人的努力下不断探索、前进。这种探索迎头赶上了信息技术改变整个世界的巅峰时代。在信息技术深度改变与播音主持艺术专业密切相关的媒介格局时，我们有理由相信，播音主持艺术教育紧密结合信息技术发展，一定能在新时代中继续保有强大的生命力。

（作者单位：中国传媒大学播音主持艺术学院）

现阶段女性足球解说需要面对的困难

吴桐小雨

一、女性足球解说现状

足球，有着“世界第一运动”的美誉，是全球体育界最具影响力的单项体育运动。随着生活水平的不断提高，人们对于体育锻炼的重视程度逐渐增强，体育节目的热度逐步提升，许多人把收看体育节目作为一项日常的消遣，其中很多人把欣赏足球比赛当作自己的爱好。如今，在足球比赛转播领域里，一些女性解说员初露锋芒。

不像游泳、体操等项目已经涌现大量的优秀女性解说员，无论是在国内还是国外，女性足球解说员都极少，有些优秀的女性足球解说员仍被很多观众诟病；平台大胆起用女性足球解说员的举动，也往往会引起很大的争议。在网络上搜索“女性足球解说员”，大多是“盘点国内外最火辣的5位足球女解说员，请自备纸巾”这样的标题。这说明，在由男性主导的足球界，女性足球解说员不仅没有在专业方面得到认可，还得不到应有的尊重。同时，随着年龄的增长，很多女性足球解说员离开了自己的岗位进入幕后工作。

42岁的Jacqui Oatley是BBC历史上第一位女性足球评论员，在她刚刚拿起解说话筒的时候，她就接到了不少信件，有不少的观众认为女性根本没有权利解说比赛，她更合适在家里泡泡茶。女性足球解说员匮乏的原因究竟是社会对女性职业的歧视，还是女性自身并不适合激烈紧张的比赛，抑或是女性对足球不够了解呢？

笔者希望通过深访调查、问卷调查等方法能够解释这一现象，同时希望由此帮助女性足球解说找到更好的发展之路。

二、女性足球解说面临的困难

（一）女性自身特点

1.身体原因

众所周知，因为足球水平的参差不齐，大多数高强度的联赛、杯赛是在深夜进行的，比如英超、西甲等，因而解说员存在深夜工作的情况。这要求解说员拥有强壮的身体，在深夜中不仅能够保持清醒，更要用语言解说来丰富比赛。

这对于身体状况不如男性的女性来说是一个很大的挑战。“虽然有许多重要的社会化的差异引起两性角色的不同，但是重要的是不要完全忘掉生物因素。在出生时，男的要比女的较健壮。”①因为身体的因素，男性比女性能更好地胜任深夜工作。因此，基于足球比赛的需要，女性解说员需要把更多的精力放在调整身体状态上。

2.情绪控制力弱

在足球解说中，描述和评论是必不可少的环节。如果说描述场景是解说足球比赛的基础，那么评论可以算是解说的灵魂。孙正平认为足球比赛应是“评述结合，两者兼顾，述中有评，评中有叙”。由此看来，描述和评论都是非常重要的，而客观、理智是描述和评论中非常重要的要求。解说员需要在意识上摆脱球迷的身份，同时，电视体育解说员在调动情绪的时候，要注意控制受众的情绪，这就要求解说

---

① 利伯特，等.发展心理学[M].刘范，等译.北京：人民教育出版社，1983.

"在投入感情的过程中保持一定的冷静,不能过分狂热"[①]。

笔者观察了众多中国的女性足球解说,发现部分女性足球解说员在解说激烈比赛的时候,难免会在描述和评论时表现出过于感性的一面。曾经在PPTV担任解说的周亦舟在国际米兰对阵尤文图斯的比赛当中大爆粗口,中伤尤文图斯球迷,甚至在解说中表示"我就是要把尤文图斯说输"。女性在情绪的把控上较男性偏弱,才会出现上述周亦舟发生的错误,在解说比赛中出现态度偏颇以及用词不当的现象。这种立场不客观、用语不当的情况在女性解说员身上发生的概率比男性解说员高很多。男性的聚合思维即男性拥有在现成资料中寻求正确答案的、有方向、有条理的思维方式,相对优于女性。[②] 而女性在聚合思维方面较弱,因而导致女性思维显得比较发散且没有条理,判断问题时也常带有强烈的主观色彩,既易受外界暗示的影响,也易受自己感情的影响;但与此同时,女生发达的发散思维有助于联想。

足球是一项非常具有激情和不确定性的运动,当特殊情况出现时,女性解说员往往控制不住情绪,容易被现场的情绪牵着走。很多时候我们可以看到女性解说员因为进球等情况突然尖叫,使观众感觉到解说的情绪溢出。在笔者的深访调查中有受访者表示"不喜欢女解说,感觉她们不专业,而且喜欢一惊一乍!"这反映出女性解说员较弱的情绪控制力已经被广大观众所诟病。

3.调动情绪能力弱

在笔者的调查中,多位受访者表示女性在解说中无法调动气氛,在场面的控制能力上普遍偏弱,在叙述比赛方面整体没有激情。受访者表示,"女性解说挺新奇的,就是感觉没什么激情""大多没有将声音和情绪很好地融合,在场面激烈时没有注意到情感的迸发点"。在问卷当中,46%的受访者表示,现阶段的女性解说员存在的问题是"无法调动情绪"。

众所周知,足球是一项对抗性非常强的运动,比赛过程当中的精彩画面,需要解说员在语言上进行映衬、补充,从而引导观众的情绪到达高点。一个好的足球解

---

① 王群,徐力.电视体育解说[M].北京:北京广播学院出版社,2005.

② 沈汪兵,刘昌,施春华,袁媛.创造性思维的性别差异[J].心理科学进展,2015(8).

说员在适当的时候，可以根据场上的情况引导观众的感情，甚至引导舆论的走向，传递出自己的价值观念。一方面，女性可能对于场面的理解没有达到一定的层次，因而无法合适地调动情绪，这是女性在解说专业方面的问题；另一方面，女性本身性情比较温和，她们在一些温和的运动解说中游刃有余，比如体操、花样滑冰等，但是面对激烈的运动，这种性格难免与之不相适应，导致女性在应该有的情绪调动上往往表现得力不从心，无法在适当的时候和观众产生共鸣。

（二）专业程度堪忧

体育解说的功能多样，这也要求体育解说员具有很高的专业性。第一，面对浩如烟海的信息，体育解说员需要对信息进行整合，并且在合适的时机进行传递。第二，体育解说员需要对场上发生的现象进行分析，解释相应的规则。第三，体育解说员需要适当调动受众的气氛，让受众情绪和比赛场面形成统一，并借助体育活动对他们的情感进行引导，这才是体育解说应该有的专业性。

然而，女性足球解说员专业程度低已经成为当今的一个共识。笔者发现，尽管受众对女性足球解说员的专业程度要求相较于男性普遍偏低，但是女性解说员的专业程度仍然没有达到受众心中的及格线。笔者在问卷中发现，90％的受访者表示现在女性足球解说员的专业性有待加强。

“要是懂球妹来解说，我是很欢迎的；瞎说一气完全不懂的，还是别掺和了。”很多受众表示自己很欢迎女性坐上解说台，但是目前女性解说员的专业程度仍然无法达到专业的水平。足球解说员需要根据运动员场上的动作、比赛的技战术作出相应的解释，根据画面精确地阐述比赛。但是诸多的女性解说员甚至连场上的队员都不是很熟悉，更没有办法深入到比赛的技战术层面进行分析。这说明女性解说员对于信息的整合以及战术的研究都达不到合格水平。

在2018年俄罗斯世界杯上，刘嘉远在伊朗遗憾出局之后说道：“生活有的时候就是这么残酷，可能没有人关心你付出多少努力，撑得累不累、摔得疼不疼，大家只会看到你站在什么位置，因为成年人的世界就没有‘容易’这两个字！所以最后我们要说，哪有什么‘无心插柳’，都是努力过后的‘水到渠成’！”很多人表示对这番话感同身受，这就是体育解说所具备的调动情绪和启发引导的功能。但是很遗憾，女性解说员很少能说出如此振聋发聩的语句。

其实，接受女性解说的观众群体对于女性专业程度的包容性是远远高于男性足球解说的。有受访者提到“肯定希望有女生陪自己看球，只要是懂球的女生就行”。从数据来看，观众对于现如今不专业的女性解说队伍的评价为 3 分（满分 5 分），虽是一个及格的成绩，但事实上如今的女性足球解说队伍明显无法和这个评分相称。

（三）快餐化的需求环境

为何女性足球解说员的专业程度远远不及男性足球解说员，甚至达不到观众认为解说应该达到的及格线呢？

女性本身对于足球的挚爱程度普遍不及男性，各大联赛的足球观众大部分是男性，女性看球、懂球的基数小，能成为足球解说员的女性就更是凤毛麟角。但是各大平台为了增加竞争力，希望在解说人选方面有所创新，因而很多女性足球解说员是被“抬”到解说台上的。比如某解说表示，自己曾经连场上的球员都还没认清，就要上解说台解说比赛了。该解说员非常努力，现在是一名非常优秀的女性解说员，但是平台拔苗助长地选拔女解说员的行为，显得非常功利。在 2018 年俄罗斯世界杯上，有些节目请了一些不懂球的主持人，她们的解说很局促，语速很快，导致节目效果很差。很多球迷表示“女解说没有错，错的是节目总喜欢找一些脑残”。

与此同时，各大平台和部分球迷认为女性解说员只需注重外表即可。有球迷表示，女解说员“最好不说话，穿低胸超短裙”。这种言论不仅是对解说这个职业的不尊重，也是对女性的不尊重；在调查问卷中，47.83％的受众表示，很看重女性足球解说员的身材相貌。由此看来，如今大多女性解说只是一个噱头，正是因为这种噱头，才促使更多的女性足球解说员专业水平不高却坐上了解说台。此外，很多平台认为女性解说员本身就是一个代表“不懂球”的群体而存在于解说台之上的。比如 2002 年韩日世界杯的女性解说员沈冰，她的角色就是为那些看不懂球的人向专业的足球解说员、评论员提出问题，例如“FIFA 是什么”。笔者认为，女性解说员必须跟解说嘉宾有所互动,提出并解释观众所希望了解的问题,但前提是她要深知问题的意义所在,并对问题的答案有所了解,如果自己都不了解问题的答案,使整个解说过程变成教学现场,必然不符合足球的大众属性。在网络时代,屏幕前的球迷或许已经是半个专家,解说员如果再提出一些低级的问题显然已经不能满足受众的期待。因而笔者认为,解说平台只重视女性解说员的颜值是不正确的,同时女性解说员只担任一个提问者的角色也是不妥的。

如今在解说界叱咤风云的男性解说员大部分已经步入中年,他们之中的很多人甚至有多年的足球从业经验。解说这个行业需要大量的积累,这些积累不只体现在知识方面,更体现在实践和阅历方面。然而平台所希望的,只是寻找一些年轻漂亮的女性担任解说,这必然导致女性解说员在专业知识积累方面的欠缺。

因而现如今的女性足球解说员的定位似乎不是一名真正的解说员,而更像是一个噱头。

(四)存在对女性解说的刻板印象

在这个性别分工逐渐模糊的时代,越来越多的女性承担起了传统意义上仅限于男性参与的工作。人们在性别方面的歧视越来越少。但是亚里士多德曾经说过:"女性之为女人,是由于缺乏某些品质。"自古以来,"男人是主体,是绝对;女人是他者"①。这种刻板印象一直萦绕在人们的脑海中,无论是男人还是女人。

克劳蒂亚·诺伊曼(Claudia Neumann)是德国第一位在男足世界杯电视直播中担任解说的女性评论员。② 诺伊曼 1999 年就开始在德国电视二台(ZDF)体育部工作。她在 2011 年女足世界杯期间担任解说直播赛事,成为德国首位女性电视足球解说员。2016 年法国欧锦赛期间,她再次打破传统,成为第一名报道男足赛事的女记者。尽管现在她已经是一位非常专业且善于调动观众情绪的足球解说员了,但是当时她也成为一些网络仇视女性主义者的攻击对象,甚至有人恐吓她。

这说明,性别方面存在的刻板印象仍然不能被忽视。女性足球解说员在球迷

---

① 费边.时间及他者——人类学的研究对象如何建立[M].北京:北京师范大学出版社,2018.

② 德国舆论激辩:女评论员解说世界杯球赛,行不行?[EB/OL].中国新闻网,(2018-06-28).http://www.chinanews.com/m/gj/2018/06-28/8549302.shtml.

心中的形象是否受刻板印象的影响呢？笔者对这个问题进行了问卷调查和实验。

问卷显示，23.88%的男性表示女性不适合做足球解说，8.93%的女性表示女性不适合做足球解说。经过显著性分析，P-value 值为 0.028233，小于 0.05，证明性别是显著影响受众是否认为女性适合做足球解说的因素，这表明性别的刻板印象仍然存在。

由此看来，现在的球迷仍然受性别刻板印象的影响，这也不难解释优秀解说员 Jacqui Oatley 和 Claudia Neumann 为什么总是受到非议。女性解说员不仅受到自己条件的制约以及平台定位扭曲的影响，同时还要接受由性别带来的敌意。

三、对女性足球解说劣势的反思

笔者前文分析了女性足球解说如今面对的困难，进而希望能够针对现如今的困难找到几条解决路径，以促进女性足球解说的发展。

(一)女性足球解说的优势

舆论对于女性足球解说非常友善。网络民调公司 Civey 进行的调查显示，68.9%的受访者表示有女性参与 2018 年俄罗斯世界杯的解说是一件好事，只有 12%的受访者对此表示反感。

女性足球解说就其本身而言确实是一个创新点。一方面，在这个男性统治的足球解说界，一朵“铿锵玫瑰”显得弥足珍贵。另一方面，虽然女性在情绪控制上有所欠缺，但是女性更加敏感。相较于男性往往注重技战术的解说，女性的感性与细腻可以使她们更容易发现比赛场上的新闻点、娱乐点。在 2018 年俄罗斯世界杯中，很多女解说员给观众带来了风趣幽默的场上或者场外故事，深受观众喜爱。几位知名的女性解说员都曾经在比赛的解说过程中落泪，比如沈冰、刘语熙都因球场上的风云变幻而泪洒解说台，更加渲染了比赛场上的气氛。

同时，女性的言语流畅性、精致性和变通性均优于男性(Hong, Peng, O’Neil Jr, & Wu,2013)，能更好地利用语言去感染受众。

(二)如何改变女性足球解说现阶段的劣势

由于女性解说员的身体素质不容易承受高强度的工作，广大的女性足球解说员需要锻炼，在非工作状态时注意保持身体素质，才能够满足深夜的工作需要。

解决女性的情绪调动力弱的问题，需要解说员认真地了解足球知识，增加知识储备，在场上纷繁复杂的情况之下找到情绪共鸣点，并且用语言表达出来。同时，女性足球解说员要充分利用播音学的知识来调动观众的情绪。首先，要充分调动自己的播讲愿望，在球赛的解说中，解说员不一定在球赛现场，因而需要根据画面进行“情景再现”。“内在语”和“对象感”尤为重要，没有对象感的解说往往会变成对画面的简单描述，再加之比赛往往在深夜进行，如果解说员没有良好的内在语和对象感，会使解说枯燥乏味。因而女性解说员要注重激发播讲欲望，真正有兴趣地向观众描述比赛，并对比赛进行点评，把握住足球解说的语言特性，多使用简短而完整的句子。[①] 其次，要有针对性地加强语气、重音等的练习，使得自己在情绪激动时仍然可以控制好声音，带给观众良好的听觉体验。训练节奏的变化也有助于提升调动情绪的能力，弥补女性在情绪控制力上的不足。

在问卷中，受访者最关注的女性足球解说特质中排名第一的是专业程度，有69.57%的受访者表示最关注专业程度。这说明，女性足球解说的专业程度远远未达到受众的期待。女性足球解说员需要认真细致地做好广义备稿，只有对足球方面的各种知识烂熟于胸，才能真正胜任这份工作。同时，有63.04%的受访者认为女性解说员的个性很重要，这在受访者最关注的特质中排名第二，这就给女性足球解说员提出了一个更高的要求。在这个分质化时代，细分市场盛行，女性足球解说员要有自己的解说个性才能被观众所铭记。

综上，笔者呼吁各大平台不要把女性解说员定位为花瓶或者噱头，应该给女性解说员一个真正施展拳脚的平台。

面对如何扭转女性解说客观存在的刻板印象这一问题，笔者认为可以从两方面来解决。首先是要帮助女性解说员真正去了解足球，只有达到和同领域男性解

---

① 魏伟.体育解说教程[M].北京：人民体育出版社，2012.

说员同等的理解水平，才能从根本上为女性足球解说正名。

其次，“当一个个体或者一群个体被控制在低人一等的处境中时，事实是他们就是低人一等”[①]，因此我们要拒绝陷入恶性循环，自甘低男性解说员一等。“女人并非生而为女人，而是变成女人的”。女人之所以和男人有如此大的区别，是因为被教导成这样的。因此女性解说员应该坚信自身并不比男性差，找到作为一名体育解说员的自信。女性在生理条件上确实和男性不同，因而不能强求女性解说风格和男性相同，女性足球解说不应成为“第二性”的足球解说，而应该有自己女性的风格。

最后，女性足球解说员需要提升对足球的热爱程度，并且坚持渴望成为优秀足球解说员的意念。虽然如今社会对女性解说员仍存在一些刻板印象以及性别歧视，但是女性解说员自有男性解说员不可替代的优势。只要女性解说员坚守着要成为优秀解说员的信念，并不断给受众呈现出优秀的解说作品，笔者相信社会中的性别歧视将会逐渐消失。比如，开始有女性足球解说员得到了观众的认可与喜爱，比如山东台的王娣。

最后，笔者希望更多的学者加入研究女性解说的队伍中来，摸索出女性足球解说的发展之道。

（作者单位：中国传媒大学播音主持艺术学院）

附录

关于女性解说观众评价的问卷

1.您是否看过女性足球体育解说员解说比赛？

A.看过　　B.没看过

2.您是否喜欢看女性足球解说员解说比赛？

A.非常喜欢　B.比较喜欢　C.无所谓　D.比较不喜欢　E.非常不喜欢

---

① 波伏娃.第二性[M].北京：西苑出版社，2009.

3.您是否满意如今女性足球解说员的表现？

非常满意——非常不满意(五级量表)

4.您最看重女性足球解说的哪点？(多选)

A.相貌身材　B.语言表达　C.专业程度　D.嗓音优美　E.有个人特色　F.解说富有感情

5.现阶段女性解说的缺点(多选)

A.足球知识薄弱　B.无法挑起情绪　C.解说情绪化　D.附和其他解说　E.不客观

6.同等水平的解说能力，你选择男解说还是女解说？

A.男解说　B.女解说　C.无所谓

7.您认为女性(　)做足球解说员

A.适合　B.不适合　C.无所谓

8.您的性别是(　)

A.男　B.女

本次问卷一共回收 123 份，其中有效问卷 123 份。

绕口令对青少年语言素质提高的作用

任重远

改革开放 40 多年来，中国的经济实力长足发展，然而与经济硬实力相比，我国的文化软实力还有较大的发展空间。习近平总书记在主持 2013 年中央政治局第十二次集体学习时指出，提高国家文化软实力，关系“两个一百年”奋斗目标和中华民族伟大复兴中国梦的实现。在世界局势总体平稳的大环境下，文化输出已经成为考量综合国力的一个重要标准。文化生产作为一种特殊的生产方式，其产品质量受到创作者、传播环境和受众素质等多方面的影响。同时，受众也会向创作者的身份转化。因此，普及艺术教育对于未来中国的发展至关重要。就我国目前的国情而言，全面小康尚未达成，经济发展水平不平衡。虽然在一些大城市中，艺术教育发展情况较好，但总体来看普及艺术教育之路仍然任重而道远。

对于青少年来说，艺术教育的开始必然以一个具体的艺术门类为切入点，让他们在学习具体技能的过程中潜移默化地培养对艺术的感受力、鉴赏力、创造力。学习大多数艺术门类所需的物质材料对学习者的经济实力提出了一定要求，因此不利于推广，而有声语言艺术作为一个成本几乎为零的艺术门类值得我们注意。一方面，学校本身就设有语文课，有声语言艺术作为建立在语言文字基础上的声音艺术已经有了推广的基础；另一方面，有声语言艺术教育不仅能培养孩子的艺术修养，还能提高孩子的人际交往能力和自我表达能力，更容易与其他学科形成知识结构的互补，让孩子走向社会的过程中拥有更强的综合实力。

当然，有声语言艺术教育与传统的语文课程之间还是有一定区别的。传统的语文课程侧重培养理解能力，而有声语言艺术除了需要理解文本外，还要用自己的声音来创造审美形象。这对表演者的理解能力、吐字能力、气息控制、情感表达等都提出了一定要求。本文推荐的训练方法将满足以上所有要求，并且使用方式简单可行，这就是我国人尽皆知的传统语言游戏——绕口令。

绕口令是我国民间文学中一种独特的语言艺术形式，它主要采用声、韵、调极易混淆的字，使其排列交叉、重叠或颠倒，组成一些短小、有趣的句子或段子。一直以来，绕口令作为语言艺术工作者必备的练声材料，在播音员、主持人以及曲艺、戏曲、话剧、影视演员的训练过程中起到了极大的作用。通过练习绕口令，语言艺术工作者可以掌握语言基本能力。但在很多专业人士眼中，绕口令除了矫正字音之外，并无他用；在广大群众看来，绕口令通常只是茶余饭后小孩子的娱乐项目。

事实上，用劳动人民多年生活中提取的素材编写而成的绕口令，除了矫正字音外，还可以让青少年开阔视野、了解社会，增强对文字的理解力和对艺术的感受力。一些剧情跌宕的绕口令还能培养孩子的基础表演才能。

一、绕口令对青少年理解能力的锻炼

语言是思想的物质外壳，有声语言的生成与传播是建立在表达者理解客观事物后将思想融入自身发声器官之上的，简而言之就是入眼、入脑、入心再出声的过程。所以想要训练绕口令，第一步绝不是一遍又一遍地读，而是应该深入理解绕口令中描述的场景、过程、事件、人物等各种要素及它们内在的逻辑关系。另外，绕口令是一种语言高度凝练的文学形式，对于缩写、倒装、夸张等修辞方法的理解力要求较高，这会让处于语言学习起步阶段的少儿群体在潜移默化中增强对语言文字的掌控力。

二、绕口令对青少年艺术感受力和创作力的启迪

在理解了绕口令的基本内涵之后，我们就可以进行下一步，带领孩子进入艺术普及的领域，从语气、节奏、情景再现等方面对学生提出要求，这就让绕口令从锻炼发声器官肌肉协调性的简单练习材料变成了有声语言艺术创作的基础文本。学生通过这一层次的训练可以收获初步的艺术感受力，并且具有独特、个性的表达方式，而不是在阅读时只是一味地求快、求熟练。这也是有声语言艺术训练与传统语文课相比最大的不同。

当学生掌握了“演绎”绕口令的能力后，他也就具备了基本的艺术思维。艺术都是相通的，在此之后无论是听音乐、朗诵还是欣赏其他艺术门类的艺术作品，他都知道可从哪些方面去欣赏。所谓“操千曲后晓声，观千剑而后识器”，一群从小就懂得审美标准的孩子长大后一定能成为一个高雅的欣赏者，成为我们国家未来文艺发展最大的动力之一。

绕口令虽然篇幅短小，但内容趣味横生、包罗万象。在传统的曲艺表演中，绕口令经常作为单独的项目出现在舞台上，而“令”的创作形式又让绕口令使人们在生活中信手拈来，这就为学生创造了一个轻松、简便的创作环境，无论是课间还是放学回家抑或写作业累了的时候，都可以拿它比试、游戏、调节身心。绕口令有效地利用了碎片化时间，非常符合现代社会的学习、生活节奏。

三、绕口令让思想文化建设变得润物无声

加强中华优秀传统文化教育是近年来教育改革的重中之重。在 2018 年 1 月 16 日教育部发布新修订的《普通高中课程方案和语文等学科课程标准》中，将原标准“诵读篇目的建议”改为“古诗文背诵推荐篇目”，推荐篇目数量也从 14 篇增加到 72 篇。对于中国古典文学和传统文化来说，背诵经典名篇确实可以起到增强学生文化底蕴的作用。而绕口令可以让中华优秀传统文化教育深入推广到年龄更小的

孩子中。通过“牛郎恋刘娘”这一绕口令，孩子们可以了解中国传统神话传说的人物；通过“巴老爷和芭蕉树”可以让孩子们领略“富贵不能淫，威武不能屈”的坚强精神；通过“做早操”可以传递出“君子当善护千金之躯”的意识；通过“学时事”可以使孩子从小懂得“先天下之忧而忧，后天下之乐而乐”的责任感……经过时间沉淀的绕口令，其内容既可以使学生增长见识又可以陶冶情操，十分适合让正值世界观、人生观、价值观养成阶段的孩子学习。

自从十八大提出社会主义核心价值观后，全国人民都开始了相关的学习，有很多中小学也将其设为了学生的必背内容，这对我们建设社会整体良好风气具有深远意义。但仅仅将这二十四字的内容设定在“背诵”的阶段还不足以让其中的精神深入到孩子们的内心。其实绕口令是一种可以将形而上的精神具象化、趣味化的方法。比如在社会主义核心价值观的内容中，我们总可以找到相对应的绕口令去代表它：“胡家村里十五户”体现了富强；“人分银”体现了民主；“犁地”体现了文明；“盆碰棚”体现了和谐……让孩子们在玩耍中背诵这些具有正能量的绕口令，相信他们对于社会主义核心价值观的十二个词会有更具象的理解，而绕口令所施予的影响也如春风化雨般，是潜移默化的。

四、绕口令让文字插上想象的翅膀

绕口令是一种民间的语言游戏，它将声母、韵母或声调极易混同的字，辅以夸张、比喻、拟人、顶针等修辞方式，组成反复、重叠、绕口、拗口的句子。作为一种以音节绕口为主要目的的文学形式，它的内容其实是可以不断创新的。只不过目前绕口令这种形式并没有得到太多创作者的注意，所以流传广泛的绕口令依旧是那些经典的内容。

由此我们可以从两方面入手进行创新。首先，如果把传统绕口令进行改编，使内容更贴近孩子们的生活，一定会激发他们学习的兴趣。比如改动人物名字，可以从动漫、身边同学的名字、时事新闻、经典童话情节中寻找灵感，自创绕口令。如此一来，就能让传统曲艺中的绕口令在新时代焕发新的活力，使其作为一种极具趣味性的文本素材，更容易被青少年所接受。其次，我们可以引导孩子们自己来创作绕口令。这是一种综合运用中国文字的训练方式，会同时提高分辨字音、字形、字义，运用修辞方法，对生活细致观察等能力。

五、赋予绕口令练习社交性和游戏性

每一代人在童年时光都会有和玩伴、同学一起游戏的经历。滚铁环、跳皮筋、砸纸片、丢沙包等，这些都是消磨课间时光的经典趣味小游戏。事实上，绕口令也具备成为课间流行小游戏的潜质。首先，绕口令有相对简单的评判标准——是否能清晰、快速地说完，这个评判标准使绕口令具备了小游戏的共同特征——竞技性；其次，绕口令难度等级分明、素材库巨大，可以满足不同年龄段的孩子在长时间内的游戏需求；最后，也是最重要的一点，绕口令是一项可以立马收获成就感的活动，并且长期来看能让孩子的语言能力得到提升，这是非常吸引人的。

我们知道自电子游戏刚一出现便吸引了大量受众。为什么电子游戏会让人如此上瘾呢？因为它利用了我们大脑中多巴胺的奖励机制：多巴胺与寻找和搜索奖赏有关——它是我们的动机和欲望。在电子游戏中我们经常会做任务，每完成一个任务就会得到经验值，经验值累积到一定程度就可以升级。在这个过程中，每获取一次经验值都是一次刺激，这种刺激可以让我们的身体分泌多巴胺，使我们感到愉悦。游戏通过一次次的刺激来维持多巴胺的存在，最终就能达到"成瘾"的效果。而每次完成绕口令时获得的成就感就类似于在游戏中获得经验值。每当学生完成一条绕口令后，我们便安排一条更具难度的，例如由"化肥会挥发"升级到"黑化肥发灰，灰化肥发黑"。学生通过这种训练不断获取"经验值"（成就感）直至"升级"（提升语言功底），并在这个过程中他们会感到愉悦甚至"上瘾"。

此外，绕口令一旦成为一种流行的课间小游戏，那么它就具备了非常强的社交属性。切磋绕口令不但可以增强与小伙伴之间的人际交往能力，还能使有声语言艺术的传播力得到指数级的增强。

结　论

虽然现在绕口令在人们心中还处于茶余饭后助兴的地位，但这篇文章其实想强调的是绕口令可以承担更大的责任，尤其在推广、普及有声语言艺术教育的领域。当然，有声语言艺术涉及方面甚广，只练好绕口令一定是不够的，但在我国人口众多、生活条件参差不齐的社会环境下，如果能让大多数孩子都练好绕口令这一项，那么我国人民未来艺术素养的整体水平就会提高一大截。最关键的是，练习绕口令相较于音乐、绘画或其他艺术门类的教育来说，经济实惠、可操作性强。对于较发达地区，绕口令训练也可以作为有声语言艺术教育的基础项目，归并在包括口语表达、朗诵艺术、主持艺术等整个有声语言艺术教育大框架内。

（作者单位：河北广播电视总台）

【教学研究】

新闻素质和媒介素养的融通培养与应用

——全媒体新闻播音主持人才实践教学培养初探

翁　佳

随着数字技术的快速发展和大众传媒功能角色的转变，以移动互联网为代表的网络媒体改变了人与人之间的沟通方式，也刷新着大众传播的格局，融媒体语境已成为存在的现实。在一线媒体整合各种资源努力实现“资源通融、内容兼融、宣传互融、利益共融”的时候，新闻播音主持教学伴随着对90后、95后学生的培养进入新的阶段。从2014年开始，中国传媒大学播音主持艺术学院新闻播音主持系将全媒体新闻的内容和形式引入课堂教学，圆满完成了中国传媒大学教学改革立项课题《全媒体新闻播音主持人才实践教学培养项目》。全媒体新闻播音主持人才实践教学培养路径探索的过程，是教学理念更新、实践教学平台拓展、校内外资源整合与课堂教学创新的过程，也是教学相长、师生共同面对媒介格局的升级过程。本文将梳理、总结几年来我校的教改过程、经验和方法，并进一步探索新闻素质和媒介素养融通培养与应用的规律。

一、2014年之前的教学实践与积累

自我校2009级播音本科班开设新闻方向课以来，采访、制作视频新闻报道就

是学生必须完成的作业之一。在此教学过程中,同学们走出校园、走向社会,寻找新闻线索、挖掘新闻背后的故事。选题策划、前期准备、现场采访报道、后期制作、剪辑配音和最后在演播室呈现,都由同学们在老师的指导下分工合作完成。实践教学调动了同学们学习新闻采访报道的积极性,在采访报道、新闻表达能力得到充分锻炼的同时,同学们也完成了不少优秀的新闻报道。教学单元结束时,同学们会在小课组和大课中展播、分享作业,供师生点评交流。老师们也曾邀请电视台的专业编导观摩同学们的作品,其中不少作品得到了业内人士的肯定。但由于没有专业的新闻平台来承载这些内容,作业仅在课堂上、在师生间传播。

二、2014 年:在 BRTN,作业成为作品和产品

随着文化体制改革的深入贯彻和三网融合政策的全面启动,全国各传统广电机构纷纷试水网络平台。北京电视台经过数年的资源整合,形成了一套"台网真正融合,全台共同办网"的工作系统,集全台力量搭建了北京电视台新媒体运营平台,并陆续推出了 BTV 网络春晚、北京 IPTV、BTV 官方微博微信平台、北京网络广播电视台、BTV 大媒体移动客户端软件等内容和产品。2014 年,北京网络广播电视台成立;同年 1 月 8 日,BRTN 网络平台正式上线。

恰逢这一时机,我们 2011 级播音主持艺术本科(以下简称"播本")学生的新闻方向课程就此整合校内外资源,邀请一线专家来到课堂为师生们系统介绍了互联网新闻传播的新趋势、新方法,同时 BRTN 的新平台对 UGC(user generated content,即用户生产内容)的需求也成为对接教学的窗口。在 BRTN 打造全民记者概念的过程中,诞生了《你知道吗》《我在现场》等栏目。经过积极沟通,新闻方向课程将学生作业和栏目需求相结合,为学生的新闻报道视频作业找到了专业呈现的出口和平台。一批独具大学生观点视角和表达方式的新闻报道视频通过 BRTN 的审核正式上线,课程作业成为网络新闻作品和产品,在传统媒体的新兴媒介平台上与广大网友见面,获得了受众关注和真实的媒介反馈。虽然这些作品还很稚嫩,但已经体现出准新闻专业人才的关注视角和报道水平。在 BRTN,同学们学习、领会

社会主义核心价值体系在网络媒介中的具体表现，而与传统电台、电视台相比，BRTN 较为宽松的审核流程和审核标准，让丰富多样的内容和形态呈现成为可能。

三、2015 年：微信世界里的有益尝试

微信是腾讯公司于 2011 年 1 月 21 日推出的一个为智能终端提供即时通信服务的免费应用。截止到 2016 年第二季度，微信已经覆盖中国 94% 以上的智能手机，月活跃用户达到 8.06 亿，是拥有亚洲地区最大用户群体的移动即时通信软件。作为移动互联网领域最具黏性的应用，微信已经成为普通人移动互联的生活方式。微信应用如何与新闻播音主持专业应用相结合，成为师生们共同关切的话题。

为回应这些思考，2015 年，我校 2012 级播本的新闻方向课程在完成新闻播报、新闻现场报道等教学内容之余，还开辟了新的教学单元，为同学们请来网络编辑出版专业的专家讲解网络热点的生成机制与应用方法。大课讲授之后的课程实践突破口则是要求学生参与微信公众号热点分析和微信动态页面 H5 的制作。在这个教学单元中，师生共同研讨微信公众号中的热点和特点，并由此形成了研究分析的多元观点。许多同学第一次从研究者的角度关注微信这个每天都在大量接触的移动通信应用，并开始自觉思考这些应用给新闻播音主持实践带来的启示、思索和应用上的突破。在完成了对众多微信公众号的特点分析之后，不少同学开始尝试建立自己的微信公众号。以 60 秒语音为介质，用声音连接个人和网络世界的理念也成为大家讨论和实践的热点之一，因为这一方式最能集中体现播音主持的专业特点。除此之外，对微信页面中主题内容、标题和图文的分析研究也让大家跳出单一的声音传达框架，以专业的眼光关注移动互联媒介的特点。

2014 年至 2015 年间，"初页""易企秀"等制作 H5 页面的 App 灵巧上线。普通用户无须掌握复杂的编程技术，就能简单、轻松地制作基于 H5 的精美手机幻灯片页面，对新应用敏感的同学立即开始进行相关尝试。时值大三下学期，同学们开始制作个人简历，为即将到来的实习做准备。于是教学组开始引导同学们用 H5 呈现个人简历，通过微信传输或朋友圈进行自媒体传播，为自己代言。这一有趣、

有效的尝试进一步打开了微信世界里播音主持的应用，成为课程的意外收获。

60 秒微信语音中的新闻播音主持元素、微信公众号研究、H5 页面简历……这些对微信世界的有益尝试虽然只是尝鲜之举，但师生们就此真切体会了从用户到产品开发者的身份转换和角色体验。换位思考和用户思维，是这些实践带给大家的开拓和收获。

四、2016 年：以专业素质直面网络直播元年

在技术和资本的双重推动下，网络直播平台风生水起。只需一部智能手机、一个账号，人人便可参与直播，网络直播成了炙手可热的媒介工具。据报道，2015 年中国在线直播平台数量接近 200 家，网络直播平台用户数量已经达到 2 亿。2016 年更是被称为“网络直播元年”，先是网红、明星、电商在一夜之间搭上了网络直播的快车，而后传统媒体也迅速跟进。2016 年“两会”期间，以央视、央广为代表的主流媒体都开通了网络直播平台。虽然网络直播平台因其即时直播、互动性强等特点备受年轻人喜爱，但粗口横飞、网络主播言行失当等问题也频频发生，还有一些直播内容游走于法律与道德的边缘。面对变化迅猛的媒介环境，新闻播音主持教学应积极引导同学们以专业素质直面网络直播乱象。

2016 年全国“两会”期间，我校播本专业中的 12 名优秀学生以“网络新鲜主播”的身份参与了中央人民广播电台“两会”特别节目“直通北上广”系列的直播。在连续 11 天的直播中，学生们与央广中国之声的资深主播一起接触“两会”、参与“两会”相关话题讨论，了解“两会”关切的国家大事，以青春的新闻人形象与网友交流互动，传播国家声音，关注“两会”议题，监测网民舆情。

2016 年 4 月，我校在播音主持艺术学院“新闻播音主持基本功大赛”中引入网络直播，从每天早晨七点半到八点，只需点开手机上的 360 智能摄像机 App，就能看到明德湖畔同学们清晨练声的网络直播。由同学们组成的“播音小水滴”报道组轮流排班进行直播报道，北京时间 24 小时视频新闻直播资讯平台直播、360 网络直播陪伴赛季全程。在网络直播节目风行但内容质量良莠不齐的当下，这一充满

朝气的校园主题在360网络直播平台作为优质主题与优质内容被置顶,引发网友和粉丝们的大量关注和转发。水滴直播从青涩到逐渐成熟,这一过程不但将此次基本功大赛做了网络直播和网络分享,还锻炼了同学们用新媒体进行互动传播的能力。

2016年4月12日,北京新媒体集团“北京时间”网站和新闻客户端同步上线,我校播本专业的14名同学在24小时直播新闻资讯节目中成为全天候的网络新闻实习主播,在主流媒介的网络平台中彰显核心价值观。

五、2017年:新闻播音基本功大赛复赛在北京时间全面直播

2017春季学期之初,被称为播音主持艺术学院“春季练兵”的第二届新闻播音主持基本功大赛,伴随着“春风十里,不如早起;练好基本功,就是爱自己”的口号再次开办。此次基本功大赛的亮点在于以“北京时间”网络直播的方式进行复赛,并在“北京时间”进行“五四青年节大赛启动仪式”“复赛大结局”等师生共同参与的特别节目访谈直播。经过初赛遴选的40名同学在“北京时间”的网络直播节目中参加了辨义识音、新闻播报、新闻现场报道和新闻话题四个分项赛的比拼,比赛内容完全融入“北京时间”网络直播的日常节目当中,在真实媒介环境中接受用户的检验。比赛不但将新闻播报等传统优势发扬光大,还开拓了网络直播新闻的新领域,吸引了来自业界、学界的广泛关注,为同学们提供了丰富的实践学习和工作的机会。

六、新闻素质和媒介素质的融通培养与应用规律初探

在爆发式增长的媒介技术生态下,新闻播音主持教育如何既坚持核心价值观,又创新新闻表达方式,同时还彰显和发展专业特色?平均年龄超过40岁的教学团队和90后、95后学生们一起面对未知和偶发,教学相长,共同成长。在这且行且思的过程中,我们不断凝聚共识:融媒语境不但是媒介技术语境,更是文化语境和

时代语境，对此保持敏锐、密切关注，与之同行是必须的，新闻素质和媒介素质也的确需要融通培养，其中的机遇和挑战、顺应和引领、整合与升级所包含的复杂性前所未有，但整体路径已逐渐清晰。

(一)融媒体环境下新闻的真伪甄别能力和新闻价值判断能力仍是首要的

今天，任何人都可以发布信息成为新闻传播者，但非专业的新闻发布者即使没有发布假新闻的主观意愿，也很有可能发布不准确的、道听途说甚至是谣言类的消息或资讯。专业的新闻工作者知道如何寻找新闻消息的来源，如何核实新闻事实，如何在报道中交代新闻来源。网络上泛滥的虚假信息从另一个角度说明，依然需要新闻传播专业。

在融媒语境下的新闻价值判断应唱响主旋律、尊重差异、包容多样，必须廓清虚假、低俗、撕裂社会共识的价值观。当前中国正处于双重社会转型时期，既要完成由农业社会向现代工业社会的转型，又要实现从工业社会向信息社会的转型。此时社会共识还不够稳固，存在民间价值观多元甚至混乱、缺乏公共理性的局面。这是社会发展现阶段的基本特征，也是社会主义初级阶段的基本国情。此时尊重差异、包容多样的真正价值在于，在允许“存异”的基础上努力“求同”，解放思想，宽容地对待各种社会文化现实并取其精华，以更具建设性的方式构建社会主义核心价值体系，而不应将多元化庸俗地理解为“存在即合理，干什么都可以”。时代潮流奔涌向前，总会有污泥浊水或沉渣泛起，不断清淤方能畅流行舟。2014 年 2 月，中央网络安全和信息化领导小组成立。习近平强调，要运用网络传播规律弘扬主旋律，激发正能量，使网络空间清朗起来。要讲好中国故事，传播中国好声音和时代正能量，对新闻价值的判断、引领是营造良好网络新闻环境的关键。在新闻素质和媒介素质的融通培养与应用过程中，教学者应抓住青年学生的兴趣点、国家战略的制高点和业务教学的切入点，同时，尊重教学规律，因事而化、因时而进、因势而新，不断将新闻价值判断、文化精神引领融入其中，这才是培养人才的应有之义。

(二)融媒体环境下新闻播音主持的多样表达有巨大的探索空间

除传统新闻播报以外，新闻的采访、调查、报道、访谈、评论甚至参与、体验、围观都有可能进入融媒体环境下的新闻表达。面对话筒、镜头或多种客户端,新闻播音主持的多样表达有巨大的探索空间。在这些探索中,可以汲取的能力、元素不断迭代、混搭,最终形成新的创造。它们有的原来属于新闻记者的核心能力和看家本领,有的原属于新闻编辑的业务范围或是新闻评论员的专属领域,但在融媒体环境下,媒介的界限变得模糊,新闻播音主持"最后一棒"的效应却更加凸显。未必有更多时间准备的"最后一棒"的表达空间是巨大的,其对新闻综合素质、综合能力的期待也是空前的。跨媒体传播时代,传播者的必备能力,不仅仅是语言表达能力,还需要全面了解图片拍摄、视频拍摄的技巧,音视频剪辑上传的各种应用或资源,能够分别运用文字、声音和图像思维,对采访对象进行信息分析和采集。同时,还要能够快速、准确判断不同新闻事件最适合的传播方式,从而制定相应的采访、编辑和内容制作方案,承担起策划人的功能。理想的融媒体环境下新闻主播不但是知识的多面手,还是各种技能加身的多面手,表现出跨媒体呈现的能力。

(三)投入媒体融合的全新生态系统再造工程

出色的跨媒体新闻表达能力背后是强大的信息整合能力。事实上,"媒体融合是一个全新的生态系统再造过程"。"中央厨房"在传媒业落地,使之成为传统媒体融合转型的突破口,这已成为传媒业发展的明确方向,所以新闻播音主持人才的培养也需要置于互联网思维下进行重新建构。跨媒体是一种通过多媒体技术平台统一进行内容分发的生产模式,其生产过程的许多环节均涉及新闻信息的整合。例如:新闻信息的收集是多媒介汇流的,需要全面的信息整合;新闻传播后受众的反馈、补充以及用户生产内容的收集、整理和呈现也需要进一步的信息整合。解读大数据、多方面链接新闻背景、多层次解读新闻观点将成为新闻主播的常态。诚然,现在媒体已经有了可以写作数据新闻的"机器人记者",但是人工智能技术背后的思维创新却不能自动生成。对于融媒体时代的新闻播音主持人才培养而言,投入媒体融合的全新生态系统再造工程的重点乃是跨媒介信息和观点的整合能力。

(四)对有声语言传播质量的不懈追求是播音主持艺术专业永远的生命力源泉

媒介的变迁使得人们的传播与交流方式在人际传播和大众传播中不断更新、

切换,但无论如何改变,有声语言表达的效力和魅力永远是其主旋律,对有声语言传播质量的不懈追求也是播音主持艺术专业永远的生命力源泉。有声语言传播生存、规范、审美的三重空间在融合媒介空间中仍然相容、相通,并呈现出螺旋式上升的态势,在新闻传播过程中需要在整体上提高全民的文化素质和语言素养。例如,2015年以来,中国之声微信公众号的“读课文”,央视和新华社微信公众号的“夜读”,共青团中央微信公众号的“青读”等栏目相继推出,得到广大受众的欢迎。在融媒体以人为本的发展方向中,新闻有声语言表达的情感共鸣与审美领域,还有更多等待探索的空间。

参考资料

杨振英,刘石检.新媒体时代的语境解读[J].今传媒,2013(5).

栾铁玫.建议用“融媒体”代替“全媒体”[N].光明日报,2014-02-27.

党政瑜.网络直播平台乱象如何正本清源[N].人民法院报,2016-07-30.

尚京华.跨媒体传播与高校新闻学课程体系重塑[J].现代传播,2017(6).

(作者单位:中国传媒大学播音主持艺术学院)

融媒体创作实践平台搭建与播音主持专业教学创新

廉　伟

播音与主持艺术专业(以下简称播音主持专业),是一门立足于多学科并有自己独特建设内容的交叉性学科,具有实践性极强、创造性突出、艺术性显著等特点。播音主持专业的教学工作几十年来一直在继承中与时俱进,不断为适应传媒生态的变化与发展而进行调整、更新,以培养出胜任当代传媒工作的播音主持"能力者"。

一、搭建融媒体创作实践平台的现实背景

在坚持不懈的教学改革过程中,有一个问题始终没有得到完美的解决,而它却关系到播音主持专业教学的核心环节,这就是我们常说的"教学与实践相脱节",说通俗一些就是学生的本领达不到一线要求,思维跟不上一线节奏。另一个我们不得不承认的现实是,学生在专业学习的过程中,学习的积极性、主动性、创造力随着年级的提升呈现出逐渐下降的态势。造成这些问题的关键一点在于,我们的教学主要在"小课"课堂,即 12 人左右一组的教学单位里完成,从语音发声、创作基础到广播电视业务、专项模块培养,都是在一个自我封闭的"小圈子"里靠大量"模拟"动作完成的,缺乏专业指导下成体系的"实战",更没有真实传媒环境的必要环节——

受众的真实反馈。这样,学生总是在“设想”对象、“假想”反馈的状况下磨炼专业,这对于应用性、实践性极强的播音主持专业来讲,显然不能够适应当前融媒体环境的大发展。

2016 年,白岩松曾经在一次专业交流会上提到,演播室如果和直播间不能打通、勾连起来,那么这样的播音教学其实是无实效的。这个观点命中“要害”:播音教学如果不能与真实的外部世界联通起来,其产生效力会非常低,尤其面对当下蓬勃又瞬息万变的传媒环境。学习传媒,就应当实实在在“浸入”传媒之中,让学生尽早进入准真实的职业环境,在教师的指导下保证“大方向”。传媒工作需要学生尽快在业务方面成熟起来,而职业感只靠在教室里闷头练声是培养不出来的。实践性非常强的专业,只有真正处于实战状态,才可能具有真正的职业感。

但是,对于播音主持专业的学生来讲,真正可以进行自己专业实践的岗位很难找到,毕竟它需要“出声”“露脸”。传统广播电视媒体尤其是级别较高的平台,标准高、要求严、位置少,在校学生真正上手的机会微乎其微,边学习边用实践检验自己的专业只是“梦想”。所以,我们看到不少学生到处“接活”权当练手,结果一段时间以后,长进不多毛病却添了不少。

二、搭建融媒体创作实践平台的首次探索

我们亟须创新教学思路,用新的思维和方法来改变“教学与实践相脱节”这一困境。

“学声习得记”是中国传媒大学播音主持艺术学院创立的第一个播音主持专业学生业务实践自媒体平台,由笔者策划成型并担任专业督导,全部作品均由播音主持专业在校学生创作完成。具有“原创”品牌保护的“学声习得记”自 2016 年 9 月创办至 2017 年 6 月,共发布百余次推送,推文共 200 余篇,涉及新闻播报、新闻评论、现场报道、社会生活节目主持等全方位专业内容训练和音频、视频、图文等多传播渠道应用实践。参与融媒体“实战”后,学生的专业学习能力明显提升,部分毕业班的学生在就业面试过程中也因在此经历中表现突出而有了更多机会。

在这样一个平台上，教师的身份是专业督导，对每期直接涉及专业核心的“推送”内容进行指导，对大方向进行把关。学生的任务包括专业内容的展示、版面设计。下面以“学声习得记”目前主要包含的几个分项为例，对播音主持教学及实践思路加以说明：

“习得记”为主打项目，是学生实践的核心内容，是课堂学习的直接体现。它以音频和视频为主要呈现方式，以文字为辅助。音视频的内容以学生完成教师的教学安排为主，文字内容包括教师的教学引导及感悟部分和学生自主整理创作部分，后者可以写学习心得、体会和课堂花絮，图片由学生自主采集。

“最美生活”为专项训练，是教学计划的课外延伸，以社会生活节目主持为重头戏，由学生自主策划制作完成，教师在整个过程中进行业务指导。

“国际热点”为专项训练，是针对高年级学生的业务拓展项目，难度大，挑战性很强。

“青果汇”为自选项目，是发挥个性的园地，自由度大，学生可以根据自己的兴趣、特长进行自由发挥，由教师进行把关。

“学生汇”为特别项目，内容为已参加工作的学长/学姐对专业成长之路的回顾和思考，由在校学生进行推送制作。

以上为“学声习得记”正在推行的主要项目，这些内容可以随时根据新情况进行调整。

经过近一年的运行，我们归纳出了这种融媒体教学平台及学生专业实践平台教学的特点，并总结出了它的教学重点和难点。

这种教学方式的特点在于方向性明确，针对性强，自主性强，可操作性强，灵活度高，运行成本低等；这种教学方式的重点在于培养播音主持专业学生的融媒体观念及思维方式，使其具备应对现实传媒需要的多种能力，同时帮助学生养成自主学习的良好习惯。

这种教学方式的难点在于，对于教师来说，首先自己要了解并掌握新媒体技术并具有相应的思维方式及专业技能，只有这样才能更精准地指导学生。另外，它的教学时长远超既定工作量，而且时间不固定，需要教师有强烈的责任心；对于学生而言，则需要他们在自己播音主持业务成长的过程中掌握多方面的能力，不仅要有全局思维模式，而且还要做好进行大运动量训练的心理建设。

三、搭建融媒体创作实践平台的运行思路

下文将结合“学声习得记”的经验，简要谈一下专业融媒体创作实践平台的运行思路。

首先是规定动作与自选动作相结合。教学组统一制订的教学计划一定要完成，这是主线，是教学基石；但同时也要给学生自由发挥的空间，这是副线，是个性培养的必需。

其次是课内与课外相结合。每次 4 小时的专业小课课时对 12 人左右的规模而言显然是非常局促的，每人真正上口的时间和获得的指导远远满足不了学生的需求，如此课外作业就十分必要。但是这种缺乏严格监督的作业其完成质量不容乐观，更何况还有不完成作业的现象。自从将作业都呈现在平台上之后，学生完成课外任务的自觉性明显提升，并且作业的质量明显高了很多。

再次，常规与突袭相结合。教师在每个阶段或每一个教学单元都可以和学生共同制订推送计划，以保证正常的实践活动和平台持续运行。同时，教师也需要临时安排一些“突袭”项目，有的可以是热点回应，有的可以是专业基本功的“突击检查”。

最后，学习与就业相结合。搭建专业实践平台，不仅可以记录学生的专业成长，使学生面对真实受众进行业务实践，还可以连通未来的就业之路。目前我们的“学声习得记”平台获得了诸多业内人士的关注，他们通过这种方式可以看到每个学生的成长轨迹和业务水平，学生综合能力的呈现是丰富的、立体的，这比短短几分钟的面试和一本精装简历要真实、全面得多。

四、搭建融媒体创作实践平台的重要意义

搭建融媒体创作实践平台，对师生双方都有重要的意义。

(一)从学生一方的角度来看

(1)专业训练强度明显加大。增加练习量的积累,这是最见实效的方法。原本松散、懈怠的文科生生活,困惑迷茫、方向不明的大学中期时光,都可以被专业训练有效地管理起来。

(2)学习压力明显提升。同学们的作品全都呈现在平台上,在比较中有了真实受众的反馈,学生自然有更多压力,无形中锻炼了他们的抗压能力。

(3)学习动力明显增强。因为平台有发挥个性的专栏,可以展示自己专业的进步,因此学生会更加主动地进行业务训练,创造力也会随之被激发出来。

(4)在校期间熟悉并掌握新时代即融媒体时代的技术及思维方式,增强团队协作能力,有助于学生更从容地对接未来的传媒工作。

(5)更多的实践机会。一直以来,学生们传统的实践方式,就是去电台、电视台寻找实习机会,其中包括校台合作的实践。但我们都知道,传统媒体资源有限,门槛高,真正能参与其中的人数非常有限,而且由于诸多条件限制,学生的个性往往无法体现。但是新媒体平台的融媒体传播,为学生提供了丰富的机会和较为自由的空间,平台对学生的数量没有限制,每一个学生都有机会加入"实战"当中。

(6)是连通家庭与学校的一扇门。家长通过平台可以真实了解到孩子的学习状况,看到他们的努力和成长,是一个非常直观、独特而且有效的代际沟通方式。

(二)从教学一方的角度来看

(1)教师的教学积极性会提升。较之"关起门来"的小课课堂,平台提供了直观、可感可评的教学成果,在一定压力下,教师的主动性和自律性都会提升。

(2)教学阶段性目标更加明确,教师可以根据真实受众的及时反馈进行各方面的调整。

(3)可以更为灵活地安排教学内容。在平台上,有事先规定好的课堂教学安排,也有丰富的个性化定制内容,同时还可以更具时效性地追击热点话题。

(4)低成本运作。常规情况下,教学方如果想为学生寻求实习机会,就要与传统媒体协调诸多合作事宜，而且每更替一批学生都要新做一些协调工作，但受益学生有限。然而在融媒体实践平台，只要有学生在学习，平台就可以一直运转下去，教师只需要做些微调即可。另外，平台操作的灵活性非常强，可以自行安排推送时间，根据具体情况随时调整推送频率，根据具体情况对项目和内容做个性化设置，避免了以往学校教学与学生实习时间相冲突的矛盾。

为了连通真实受众，连通真实传播语境，连通真实世界，播音主持专业的教学会更加求真务实，会让学生成为真正的“能力者”，努力适应当代融媒体环境的发展需求。

（作者单位：中国传媒大学播音主持艺术学院）

从主要新闻节目类型之关联看新闻播音主持教学

仲梓源

新闻节目的类型多种多样，从内容上大致可以分为新闻消息、新闻评论和新闻专题等主要类型；从形式上大致有消息播报、新闻访谈、现场报道、专题解说、专题主持等。

就目前来看，不管新闻节目采取什么样的语言表达样态与表现形式，大都可归入新闻消息、新闻评论、新闻专题等主要类型，彼此之间在内容与表现形式上是相辅相成、相得益彰的关系。如果说新闻消息能够用最简洁、凝练的表述简短地介绍主要信息，那么新闻评论就是对新闻消息进行深入剖析并引导舆论导向，而新闻专题则在多层次、多角度的新闻报道中，体现并渗透出社会主流价值观与意识形态。

对于国内以“新闻立台”为宗旨的主流媒体来说，新闻节目是立台之根本。新闻节目是电视台最重要的自制节目类型，其具体的形式可以根据新闻媒体的性质、级别与影响力，以及频率、频道和节目定位与受众需求进行调整，既可以是典型的新闻节目与呈现方式，也可以是多种新闻报道样态与语言表达样式的综合运用，这不仅仅是为了达到更强的可听性、可看性，也是为了达到更好的传播效果。因此在某一档具体的新闻栏目当中往往既有新闻消息播报，也有新闻现场报道，还有对嘉宾进行的访谈，或是播放一段相关的新闻专题。这些节目呈现方式与语言表达样态的多样性，让受众既能从形式上直观地对内容加以区别，同时也能在审美体验上感受到层次多变的传播样式，这使得新闻节目在遵循符合新闻传播规律的同时，也增强了可看性。

播音与主持艺术专业新闻节目播音主持的教学，不但要夯实学生的语言表达基本功、提升语言表现力，还要将新闻观念和节目概念渗透在教学当中，让语言基本功与新闻素养齐头并进地得到加强与提升。

针对以上提到的新闻消息、新闻评论、新闻专题三大类主要新闻节目的播音主持，教学上应该更加明晰地加以类型分析与对比，从新闻节目的观摩与分析，到新闻节目的播音与主持，最后落实到具体的语言表达上，都要遵循一定的规律，把握住创作的依据。

一、新闻消息类

尽管现代技术极大地推动了媒体的发展，新闻消息类节目依然是最为重要的新闻节目之一，占据着相当大的节目比例，是新闻节目当中最具典型意义的类型。

新闻消息类节目大都采用播报的语言表达样式。新闻播报具有自身的一些优势和特点，比如准确无误、简洁明快、朴素实在等。

（一）准确无误

坚持新闻真实的原则，除了要坚持新闻真实以外，运用的语言也必须准确。准确是指可以反映事物最本质、最真实的状况，不含糊、不笼统、不模棱两可。

（二）简洁明快

新闻消息要求短、平、快，这就决定了新闻消息语言要简明扼要、直截了当，不能拖泥带水、拖沓冗长，要尽量用最少的文字及时、准确地报道事实真相。

（三）朴素实在

新闻消息用朴素实在的语言报道新闻事实，这使得其有别于其他文体。朴素即自然，本身就有一种独具个性的和谐的、内在的美；实在是指表述时切忌矫揉造作、渲染夸张。

新闻消息类比较典型的广播节目是中央人民广播电台的《新闻和报纸摘要》，电视节目是中央电视台的《新闻联播》等，各级电台、电视台也都有类似的新闻节目，因此，观摩并分析这些节目，对于播音与主持艺术专业的教学来说意义重大，一方面可以让学生对新闻消息类节目有更为直观的感性认识，另一方面也给学生树立了新闻消息类节目的学习样板与可参照标杆；是一种较为有效的学习途径和方法。

在新闻节目播音主持教学当中，要重视对新闻信息类节目的分析，从节目所在的媒体平台入手，思考新闻节目是在什么性质和级别的新闻媒体播出，在什么时间段播出，节目的主要受众构成等。当考虑清楚这些问题之后，就会理解为什么会用这种语态来进行有声语言的传播，对于学生来说，也就更加清楚自己应该朝哪个方向努力。

二、新闻评论类

人们在获取了新闻信息之后，只是泛泛地了解了新闻事实的基本信息，在新闻当中常常被称为五个“W”和一个“H”，即 When、Where、Who、What、Why 和 How 等大家关注的时间、地点、人物、什么与如何等新闻信息。所谓见仁见智，受众知道了这些信息之后会生发不同的想法，这时候就需要有一个较为符合当时社会价值观的主流观点来传递、引导并影响受众的看法，新闻评论就主要担负起了这个任务。新闻评论有如下一些主要特点：

(1)新闻评论通过鲜明的观点、缜密的逻辑，将主流价值观灌输给受众，从而影响社会舆论；是对受众在知晓信息基础上的一种补充和引导，也是新闻传播不可或缺的重要组成部分。

(2)新闻评论大致有两种，一种是新闻评论播音，一种是新闻评论主持。前者主要是对社论、评论员文章、本台评论、编者按、编后话等评论稿件的播读，后者则包括评论性新闻串联、主持人言论等。

(3)恰当得体的表现方式是新闻评论获得良好传播效果的重要保证。除了新闻评论内容的重要性外,新闻评论播音对语言表达者在声音形式上的要求以及新闻评论主持对最终呈现在语言与体态上的文化认同,都是衡量新闻评论成功与否的关键因素。

在新闻节目中,新闻消息传递了新闻事件的基本信息,但是受众到底应该如何正确看待新闻本身,需要新闻评论对舆论予以适时的引导。中央电视台的《焦点访谈》属于比较有代表性的新闻评论类栏目。从节目呈现的效果来看,语言表达在一定程度上起到了锦上添花的作用,而对新闻表象所体现出来的深层意义的剖析则显得更为重要,这就要求新闻评论节目主持人在具有一定语言功力的前提下,必须提升自身的新闻素养。

在新闻评论播音主持教学中,对新闻评论节目的分析,除了要考虑播出平台的性质及影响力外,还要结合当前的社会现实找到恰当的评论切入口。因为新闻评论既要通俗易懂,还要以理服人,所以要充分考虑受众的接受能力。同样是摆事实、讲道理,但是如何才能达到更好的传播效果,进而真正形成社会影响力,以上这些因素都至关重要。

因此播音与主持艺术专业的学生在对新闻节目进行观摩与分析的同时,还要能够找到自身的优势与劣势,最好能够激发出自身的潜能,让自己学习与进步的目标更加明确。学生一定要清楚,好的新闻评论节目主持人是需要积淀的,既不能因为短期之内难以胜任就轻言放弃,也不能因为已有的成绩而不思进取。

三、新闻专题类

如前所述,新闻消息能够为受众提供新闻事件的基本信息,新闻评论能够引导和影响受众的态度、观点,那么新闻专题又能够满足受众获取新闻的哪种需求呢?

新闻专题节目既能够在新闻事实以消息这种篇幅较短的报道形式播出的基础上,为受众提供更为详尽的新闻事实,以及新闻事实的前因后果、来龙去脉,同时还能够传递出媒体以及大众传媒对新闻事件的态度和观点，在表述方式上可不拘一格，形式多样。

新闻专题节目的主要特点如下：

(1)提供更为详尽的新闻信息。相较于新闻消息，新闻专题由于篇幅较长，能够承载更多的新闻事实，交代新闻背景和新闻的来龙去脉，所以可以成为热点新闻或焦点新闻的延伸与补充。

(2)传递主流价值观的态度和观点。虽不是新闻评论节目，新闻专题节目却能够传递符合当前主流价值观的态度和观点，体现出潜在的舆论导向。虽然这种形式可能不及新闻评论来得犀利和直接，但却有着春风化雨般的特殊传播效果。

(3)形式多样的表述方式。在新闻专题节目的表达方式上，无论是文稿的写作风格，还是最后呈现时有声语言的表达样态，都遵循着形式服从于内容的一般规律。也就是说，新闻专题的语言表达形式多样，不拘一格，不同的播音员和主持人具有更广阔的语言表达创作空间，以实现最佳传播效果为最终目的及评判标准。

新闻专题在当前的媒体当中有着多种表现方式，既有在新闻消息类节目当中播出的新闻专题系列节目，比如《新闻联播》每天都会有类似“劳动者之歌”“时代先锋”等不同的专题系列；也有新闻时政专题节目，比如“喜迎十九大特别报道”等系列节目。尤其在融媒体环境下，新闻专题节目发展出的形式可以说是多种多样，既可以是专题片，也可以是主持人对嘉宾进行访谈，还可以是对现场进行连线报道，或者是几种方式同时运用，使得新闻专题节目不但具有新闻的现场感、新鲜感，同时还极具可看性。

对新闻专题节目的分析，要从媒体的性质与社会影响力的角度入手，结合当前大的社会背景与党的大政方针，既要考虑节目的内容，也要考虑作为大众传播的媒体特征与传播方式的优缺点，综合分析新闻专题节目中多种语体与语态的表现形式，以及其各自的特点和作用。

通过对这些元素的理解和分析，不但能够调动学生认真思考本专业与新闻专题节目之间的关联，还能够激发学生们的语言表现力和创造力，对知识活学活用，从而在语言的把握和变化方面找到新闻节目的传播规律。

结　语

以上对新闻节目中新闻消息、新闻评论与新闻专题这三大主要节目类型之间的关联进行了分析，试图通俗易懂地勾勒出三大类主要新闻节目之间相辅相成、相得益彰、相互补充的关系，进而结合播音与主持艺术专业的教学特点，谈谈教学实践中的一点想法与启示，并探讨教学中应该注意的问题。本文意在抛砖引玉，期待方家指正！

（作者单位：中国传媒大学播音主持艺术学院）

语法课应成为播音主持艺术教学的基础课程之一

——浅析我国播音主持艺术语法教学的缺失

罗 佳

中国播音主持艺术教学到如今，经历了70多年的发展历程。在这个过程中，一方面，教学体系、教材建设日臻完善并初具规模；另一方面，一批批学术专著不断涌现，不断填补播音主持艺术教学、研究领域的空白。这些都为播音与主持艺术专业继续健康、茁壮的发展提供了良好的基础。笔者在多年的播音主持艺术学习和教学过程中，深刻体会到汉语语法教学对播音主持艺术语言教学的重要性。语法规则应是播音主持艺术教学的基础课程，而目前我国播音主持艺术教育缺乏对汉语语法的讲授。

一、播音与主持艺术专业学习语法的重要性

毫无疑问，书面写作需要遵循语法规则，那么口语表达也需要讲究语法吗？也需要！不论是日常口语还是播音员、主持人播音、主持节目，都需要语法规范。

主持人即兴主持，实际上是一种“无稿播音”的口头写作，这和书面写作在本质上是一样的，只是表达方式不同：前者用口语进行表达；后者用文字进行表达。而主持人说话没有修改的余地，要做到语言清晰准确、流利通畅、出口成章、引人入胜；即使运用附加语较多的长句，也要能说得层次分明，关系清楚。这种口头写作

的难度是很大的，需要主持人有敏锐的反应能力、思维能力和娴熟的语言驾驭能力。宋世雄、白岩松、倪萍、董卿等主持人，都是语言表达的优秀代表。

播音员播读稿件属于“有稿播音”，虽然是照着稿件播读，但也需要播音员懂得语法规则才能播好。我国著名播音艺术教育家齐越教授说：“我们常说‘这个播得散，语句不抱团’‘那个播得集中，穿成线，抱成团’。这就是说，播音不是随意地传达单词、单句，而是依照语法规则和主题思想的‘线’，将词、句、段、篇加以分解与组合，‘穿成线，抱成团’，传达出一个完整的意思。”“播音是给人听的。有的播音听起来很顺耳，不费劲就听进去了；有的播音听起来非常吃力，甚至使人不知所云。原因是多方面的，有的播音员不注意学习语法，不遵循汉语语法结构的规则，可能是造成后一种播音的重要原因。”稿件中，各个语句是由句子成分组成的，各个句子成分不是一次性直接组合成句子，而是分层发生组合关系，从而组合成句子的。这是“播得集中，穿成线，抱成团”的理论基础。如“我不知道你知道”这句话，必须结合语境并通过语法分析，才能以相应的语气、停顿表达出正确的意思。“我不知道你知道”这句话可以有两种解释：一种是由“我不知道”和“你知道”这两个分句组成的复句。如果这样解释，播读时在两个分句之间要有明显的停顿。另一种情况是单句，“我”是主语，“不知道”是谓语，“你知道”是宾语。如果按照这种解释，谓语“不知道”和宾语“你知道”之间就不能有明显的停顿。由此可见，播音员除了需要深入理解、感受稿件外，还需要分析句子的语法结构，才能结合语言外部表达技巧准确地播读稿件。

播音和语法的关系是很密切的。不论是播音员还是主持人，学习、掌握语法都应成为其专业基本功之一。

二、播音主持艺术教育语法教学的现状

播音主持艺术教育在全国范围内如火如荼地发展着。目前，全国有几百所高校开设有播音与主持艺术专业，各类培训小学生、中学生口语表达的播音主持艺术民办学校也纷纷涌现。

这些学校的播音主持艺术教学的现状是，师资一般都是具有播音与主持艺术专业学历背景的专职教师或电台、电视台的播音员和主持人；教材一般采用中国传媒大学播音主持艺术学院编写的《实用播音教程》等教材。随着各个院校播音主持艺术教育的发展，很多学校已经编写并出版了自己独立的教材，但这些院校后续编写的教材大同小异，大多沿用中国传媒大学播音主持艺术学院《实用播音教程》的理论和朗读篇目，并没有太多实质性的创新之处，未将汉语语法规则编入其教材中。

不可否认，中国传媒大学播音主持艺术学院作为我国首个开设播音主持艺术课程的学院，是中国播音主持艺术教育的先驱，其教材质量和教学质量都是全国最优秀的。即便如此，虽然有的教师在课堂上会讲授一些语法知识，但始终没有形成系统理论，更没有教材。有关汉语语法规则的讲述，主要在"播音创作基础"课程的第一单元"准备稿件的方法"的第一部分"划分层次"和第五单元"停连重音"的第一部分"停连"中有少量涉及。如，"划分小层次的目的是使句子'归堆儿''抱团儿'。在播音实践中，小层次的划分往往被认为没有太大的必要而不受重视。其实，如果不划分或不准确地划分小层次，表达句与句之间的关系时就容易散乱，甚至影响全篇。划分稿件层次时要注意，逻辑的划分要服从表情达意的需要"。"文字稿件的标点符号可以帮助我们了解停顿的位置和时间，因为语言不论其形态是文字还是声音，都有语流序列，这序列中不同的疏密关系也有其固定性。停顿和连接才是有声语言的'标点符号'。"

目前在播音主持艺术领域涉及语法讲授的著作只有由施旗、曼叶平合著，中国广播电视出版社 1997 年出版的《播音表达和语法规则》一书。这两位作者都是文字工作者，他们根据自己收听广播电视播音的感受，从文字的角度分析了语法规则和播音的关系。该书对于播音主持艺术教学确实具有很大的参考价值，但作者毕竟没有从事过播音主持工作，其论述具有一定的局限性，故其观点也并未受到播音与主持艺术专业的重视。

文章和文字是"文字组成句子，句子组成层次，层次组成段落，段落组成篇章"这样一个由微观到宏观的关系。"备稿六步"着眼于对全篇的宏观把握，只具体到划分层次，即句子与句子的组合关系这一步，没有涉及句子的微观层面，即对句子结构的语法分析。而对于句子的语法分析确实是必要的，应该纳入“备稿”的过程中。因此可以认为目前我国的播音主持艺术教学缺乏对语法规则的讲述。

三、语法规则在播音主持艺术教育中的基础作用

句子是组成篇章的基本单位。播音主持语言表达技巧，如停连、轻重音等语言现象都需要以语法规则作为理论基础。

（一）语法规则是“停连”的理论基础

停连是语言表达的重要外部技巧之一。“停与连，在有声语言的表达中常常是同时存在的，既是生理需要，也是心理需要。”“在停连的运用上，生理需要必须服从心理需要，不可因停害意、因停断情。”关于停连，如果从语法的角度来分析，理解起来会更透彻。语法分析，即通过分析语句的语法结构，从而分析清楚语句的层次结构，明确词与词之间的关系。只有以此为基础，语言表达才能层次分明、语意明确。

现代汉语的句子主要分为主谓句和非主谓句。非主谓句不完全具备主语和谓语成分，如“禁止随地吐痰”“集合了”等，其结构短小，容易掌握。在主谓句中，如果谓语是及物动词，那么宾语也是句子的主要成分之一。这样，构成句子的基本成分是“主语＋谓语＋宾语”，这是句子的“主干”。在主语和宾语前，可以添加定语；在谓语前可以添加状语，在谓语后可以添加补语。“定、状、补”是附加在“主、谓、宾”上起修饰、限定作用的“枝叶”，目的是把语意表达得更具体、明确、丰满。完整的句子结构应是：

（定语）主语＋［状语］谓语＜补语＞＋（定语）宾语

这里特别强调“主、谓、宾”的“主干”作用，因为“定、状、补”是围绕“主、谓、宾”而存在的。理清“主、谓、宾”，就“纲举目张”，就能理清句子的脉络。从以上结构可以看出：主谓句可以分为主语部分、谓语部分和宾语部分三大部分。这三大部分是句子停连、“抱团儿”和“归堆儿”的理论基础。由于定语修饰主语和宾语，状语和补

语修饰谓语，因此定语和主语，状语、补语和谓语，定语和宾语之间联系紧密。除非由于定语较长、状语较长等原因，定语和主语，状语、补语和谓语，定语和宾语这三大部分内部之间一般是不会有较大停顿的，因为一旦停顿了，就会中断其修饰与被修饰的关系，模糊了语意。而在主语、谓语和宾语这三大部分之间则可以有较大停顿，让听众从停顿中听清楚“主、谓、宾”之间的基本结构。

如在“党的思想路线是一切从实际出发，理论联系实际，实事求是，在实践中检验真理和发展真理”这句话中，主语是“路线”，谓语是“是”，宾语是四个短语。主语部分“党的思想路线”中不能有较大的停顿；由于谓语只有一个字“是”，因此在主语和谓语之间不用有较大的停顿，即主语和谓语连着一起读。主语和谓语读完之后有一个较大的停顿，再一口气读完宾语。“一切从实际出发”“理论联系实际”“实事求是”“在实践中检验真理和发展真理”是并列短语做宾语，要“抱团儿”“归堆儿”，这四个短语在播读时稍微顿挫予以区分即可，不能有太大停顿，否则将破坏语句结构，影响听众对宾语的区分。

“主、谓、宾”形成的基本句子结构能帮助播音员、主持人清晰地掌握语句脉络，而“定、状、补”则能帮助播音员、主持人掌握准确的语义。播音员、主持人应该能够自如掌握并表达语法结构，从而让受众清晰地理解句子成分和语意。

（二）语法规则是重音的理论基础

“着重强调的词或词组，就是重音。”“重音的问题实际上是词或词组在句子里面的主次关系问题。重音是主要的词或词组，非重音是次要的词或词组。重音也有主要重音、次要重音，非重音部分也有比较主要、比较次要的区别。”这只是从逻辑和语意的角度分析了“重音”，那么什么词是重要的词，什么词是不重要的词呢？从语法角度进行分析，“重音”的概念将更为清晰。一般来说，实词，即有词汇意义和语法意义、能单独充当句子成分的词，如名词、动词、形容词、数词、量词、代词等，是重要的词；虚词，即不能充当句法成分、没有词汇意义只有语法意义的词，如副词、介词、连词、助词等，不是重要的词。因此在确定重音的时候，一般重读实词，而将虚词弱化带过。

实际上，决定重音的因素除了逻辑和语意、实词和虚词外，还有语法结构。当然语法结构要服从逻辑和语意，但其对重音的影响的确不能忽视。现代汉语语句的声音变化，有“前轻后重”的特点。从语法结构来看，重音往往落在后面一个句子成分上。如，主谓句子，一般重读谓语；主谓宾句子，一般重读宾语；主谓补句子，一般重读补语。“我知道”中，一般重读谓语“知道”；“我去北京”中，一般重读宾语“北京”；“窗子被擦得干干净净”，一般重读补语“干干净净”。由于语法结构形成的重音要服从语意重音，所以在附加语和中心语关系中，起限制、修饰作用的附加语对语意具有决定性的表达作用，往往成为重音。“年轻人是国家的栋梁”，一般重读附加语形容词“国家”；“这是新建的大楼”，一般重读附加语形容词“新建”。

语言现象错综复杂，不是以上几条规律就能决定重音的选择的。如，人称代词做定语或宾语时就不重读。“他的目标就是及格”中，定语“他”是人称代词，不重读，需要重读宾语“及格”。“大家认识你”中，宾语“你”是人称代词，不重读，需要重读谓语“认识”。再如，“是”字作谓语的句子，要重读“是”字后面的宾语；但在否定句中，要重读“不是”中的“不”。如，“这是录像机”中，重读“录像机”；而在“这不是录像机”中，重读“不”。关于句法重音的规律还有很多，这里仅举几例用以说明。

找准重音，对于播音主持工作来说非常重要。如果重音表达不对，会造成语意表达错误的严重后果；如果没有重音，不仅会影响语意的表达，而且语言还会因缺乏抑扬变化而显得平淡寡味。很多听众反映，听优秀播音员的播音比看报纸更容易理解内容。这主要是因为播音员通过准确的重音有效传达了语言内容，有利于听众更方便、更容易地理解信息。有的播音员、主持人，特别是南方方言区的播音员、主持人，即使普通话语音标准，也总感觉很别扭，其中一个重要原因就是没有掌握好重音。

(三)语法规则是词轻重格式的理论基础

“双音节或多音节词的各个音节之间有着约定俗成的轻重强弱的差别，该差别被称为轻重格式。”“普通话的每个音节都有它的声调，可是在句子里有些音节常常失去了原有的声调而念成较轻、较短的调子，这种调子叫作轻声。”这是从语言现象对词的轻重格式的描述，而如果要分析词的轻重格式形成的原因，则需要学习语法。

一个词有几个音节组成，这几个音节读音的轻重是不同的。播讲一个词时，音强较强、音长较长的那个音是词重音。词重音和词性、构词方式有着密切的关系，彼此之间比较固定，一般不会受前后词语的影响而发生变化。双音节合成词，即由两个词素构成的词，重音大多在后一个音节上，形成"中重"格式，如"中国""背景""汉语""教师""商店""车站"等。在这类合成词中，两个词素的关系是平等的。在双音节合成词中，有一些需要重读前一个音节，如"学生""哥哥""弟弟""咱们""晚上""前面"等。这些词的意义主要由前一个词素表达，后一个词素只起辅助作用，表示方位、后缀，因此读轻声。同理，三音节合成词，即由三个词素构成的词，重音也大多在后一个音节上，如"播音员""计算机""呼吸道""东方红"等。三音节合成词中，有一些需要重读第二个音节、轻读第三个音节，形成"中重轻"格式，如"枪杆子""命根子""过日子"等；有一些需要轻读第二个音节，形成"中轻重"格式，如"保不齐""备不住""小不点"等。这都是由词语的意义主要由哪个词素决定的。

在四音节合成词中，词重音与构词方式密切相关。现代汉语合成词有偏正式、支配式、陈述式、并列式、补充式等构成方式，如"花红柳绿"这个词的构词方式是补充式加并列式："红"和"绿"是表示具体词义的中心词素，限定、修饰"花"和"柳"，要重读"红"和"绿"，形成"中重中重"的轻重格式；而"面如刀刮"这个词的构词方式则是修饰与被修饰的关系，"面"被"如刀刮"修饰，从而形成"重中中重"的轻重格式。

单纯词一般是由外语翻译成汉语形成的，或是由叠词构成，虽然它由几个音节组成，但词素只有一个。单纯词中的音节不存在词素与词素之间的结合关系，因此没有明显的词重音。如"沙发""咖啡""姗姗""迢迢""巧克力"等。

词的轻重音具有区别词意的作用，播音主持时只有准确地把词的轻重音表达出来，才能准确地表达词义。

语法规则对于播音主持艺术语言的基础作用还体现在语气、语调、紧张句等方面，但由于篇幅所限，无法一一列举。

综上所述，虽然语法规则对于播音主持专业的学习具有重要作用，但在实际教学中却没有得到足够的重视，还没有形成完整、系统的理论体系，这不能不说是教学上的遗憾。语法规则对于播音主持语言的作用体现在方方面面，本文主要以停连、重音、词的轻重格式为例进行了论述，希望能对广大播音主持艺术教育者和学习者起到抛砖引玉的作用。著名语言学家吕叔湘说："善于运用语言的人，叙事能让人仿佛目睹，说理能让人心悦诚服，只言片语可以久而不忘，长篇大论也可以听之不倦。"要达到这样的语言能力，需要多方面地修炼语言能力，其中语法是必修的课程。

（作者单位：首都师范大学科德学院）

【节目研究】

"网红时代"音乐广播节目主持人的语言魅力

马 谛 尚晓燕

随着媒体的发展和科技的进步，传播平台和传播手段越发多样化。在这个"人人皆可为网红"的时代，垂直内容成为节目未来发展的趋势，传播思维不再是传统意义上的大众传播，而是细分后进行的小众传播，即"按照年龄、性别、种族、收入、职业、教育水平、居住区域、兴趣爱好等因素将受众划分为不同的社会群体，媒介根据不同群体的特征提供其需要的信息，也根据同一群体的不同需求提供相应的信息"。本文选择音乐广播节目这一垂直内容，探索主持人在音乐领域中发挥主持魅力的重要作用。

魅力通常是指很能吸引人的一种力量。这里提到的主持魅力则是指主持人在主持活动中彰显的很能吸引人的一种力量。这样一种吸引人的力量主要是指语言的魅力，其中至少包括亲和力、想象力、表现力和爆发力四个方面。接下来本文将选择三位在音乐广播节目中具有代表性的主持人，分别以《听说》中的主持人马世芳，《睡不着听》中的主持人阿鹏叔，以及《李峙的不老歌》中的主持人李峙在其节目中的语言表达为例，来谈一谈语言魅力中具体的亲和力、想象力、表现力和爆发力。

一、语言魅力之亲和力

在《古代汉语词典》中，“亲”是父母、爱、宠爱、接触的意思，“和”有温和、喜悦、舒适、适中、恰到好处之意；在《现代汉语词典》中，“和”也作平和、和暖、和气、和谐、和睦之意解。节目主持人语言表达的“亲和力”指的是一种使人愿意亲近、愿意接触的力量，即和谐、和睦的爱的力量。主持人只有保持一种自然、亲和的状态，以“仁爱”之心作为精神引领，平等、友好、真诚地与阅听人交流并与之建立平等、友善的关系，才会产生一种让人愿意亲近、愿意接触的力量，即亲和的力量。具有较强亲和力的音乐节目主持人，会给阅听人留下好印象，使阅听人受到感染，甚至起到引领阅听人的作用。

在“网红时代”，音乐节目主持人语言的亲和力，是一项最基本的语言魅力。亲和力决定着主持人是否能够吸引阅听人，是否能够树立良好的社会形象，是否能够建立自身品牌形象。虽然语言的亲和力是赢得阅听人的关键所在，但“亲和力”需要讲究分寸，把握其中的平衡和“度”。主持人绝不能一味迎合低级趣味的收听取向，嗲声嗲气，装模作样。尤其在视频节目中，主持人如果为了吸引眼球而故意搔首弄姿，该节目是没有办法走得长远的；这样的行为也并不符合中华民族的传统美德以及中华民族的审美习惯，更谈不上与中华民族的文化品格相称。因此，音乐节目主持人应该以积极、健康的思想引导听众，以高品位的审美情趣感染听众，从而实现“娱乐”大众而非“愚乐”大众的目的，在满足大众心理需求的基础上，提升其文化审美品位。

优酷土豆网和“理想国”联合策划的文化类视频网络节目《看理想》之《听说》的主持人马世芳的表现，体现出了音乐主持人语言魅力之亲和力的重要性。主持人马世芳是一位写作者，同时也是广播人，有 20 多年的广播从业经验。《听说》中的马世芳选择用音乐的角度带领阅听人去“听懂”一首歌或一位音乐人，并将广播类的音乐节目视频化。无论节目是选择歌手或者话题作为切入点，马世芳在《听说》里的语言表达方式始终保持着广播电台的风格，娓娓道来，有一种向阅听人讲故事甚至聊天的亲切感;他还将音乐与故事巧妙结合,穿插音乐片段,进行情感的传递。第一季《听说》的第七期节目《台北不是我的家》中,马世芳在介绍歌曲《鹿港小镇》创作的时候说:"这首歌的创作缘起,来自罗大佑在台北当见习医生的时候。有一天,他到车行去修理摩托车,帮他修理摩托车的那个学徒,一边拿着工具一手机油地在那儿修车,一边骂骂咧咧的不知道念叨什么。罗大佑觉得很奇怪,就问你到底有什么不高兴的,这个学徒跟他说'哎呀没事啦,我当初就是从鹿港老家偷了家里两万块新台币到台北来,想着有一天,我可以赚好几倍的钱再回家去光宗耀祖的。结果没想到,到了台北,这些钱被我吃喝玩乐,花得一干二净,根本没有钱也没有脸,就只好窝在这个车行每天修理摩托车。'罗大佑听了这个学徒的故事,浮想联翩,回去就创作了《鹿港小镇》。"在马世芳的表达过程中,口语化的故事带给阅听人一种亲切感,没有隔阂,这样的亲和力容易拉近主持人与阅听人之间的距离。另外,在第二季《听说》中,马世芳在节目的最后增加了问答环节,挑选阅听人的问题进行回应。一问一答的方式强化了马世芳语言表达的感染力和亲和力,这样的互动增加了阅听人的黏性。

二、语言魅力之想象力

从心理学角度讲,想象是指"人在知觉材料的基础上,经过新的配合创造出新形象的心理过程。而在知觉材料的基础上,经过新的配合而创造出新形象的能力,即是想象力。"从人的性格特征来看,擅于想象是人性格特征中的理智特征,主动想象或敢于想象的人在生活中往往表现出轻松、潇洒、浪漫、自信的性格。对于主持人而言,尤其是音乐广播节目主持人,具有丰富的想象力是十分重要的,因为具有丰富想象力的音乐广播节目主持人常常会给节目带来新意,即使是阅听人耳熟能详的音乐,通过主持人精心的安排和穿插,以及节目主题的确定等,都会给阅听人带来新奇和惊喜。音乐本身会使人产生丰富的联想,而优秀的音乐广播节目主持人的想象力不仅能丰富节目内容、活跃气氛,还能引导听众展开想象的翅膀,暂时忘却现实中的艰辛与烦恼,从神奇、美妙的音乐中获得愉悦,起到润泽人们心灵的作用。所以说，具有丰富想象力的语言是音乐广播节目主持人不可或缺的一种语言魅力。

亚里士多德说过："记忆和想象属于心灵的同一部分，一切可想象的东西在本质上就是记忆的东西。"由此可见，主持人脑子里储存的记忆越多，可供想象的素材就会越丰富。所以，唯有生活体验丰富、熟悉外界事物、熟知人情事理的主持人，才会在节目中准确地感应各种"外物"，从中发现创作灵感，进而产生奇妙的联想和想象，创造出独特的主持意境。接下来，本文将以音乐广播节目主持人阿鹏叔在喜马拉雅平台的节目《睡不着听》中的表现为例，对主持人语言魅力中的想象力进行分析。

2017 年 10 月 17 日，阿鹏叔在第 221 期节目《每个人的星空》中以"星空"作为主题，将音乐串联起来。节目以"每个人对星空都是充满了幻想或者热爱的，不论何时，它仿佛能够抚慰一切，睡不着的夜，就听音乐驱赶现实"作为开场，把"星空""平静"与"睡不着的夜"进行巧妙结合，用小桥流水般的方式缓缓带着阅听人进入音乐之中。"生活在任何地方的人，应该都会喜欢安静，享受夜的星光，即使如今星光越来越暗淡；存在于城市的人，即便疲惫不堪，也始终在祈求一丝平静。刚刚这段旋律叫《星星降落的森林》，来自池田绫子，她的声音好像是把听歌的人渐渐地带到了远方。"这段话通过营造一个静谧的内心世界，将阅听人与外界的喧嚣隔绝开来。接着，阿鹏叔展开充分的想象力，将池田绫子的声音生动化："她的声音从很远的地方慢慢传来，那里神秘，又充满着人们最向往的平静和美好。听池田绫子唱歌，感觉有一种非常柔和的气氛在不断地蔓延，其中还透着一股坚韧、沉静的力量。那是一种从内心涌动出来的幸福感，还有坚定的信念。"主持人阿鹏叔借用想象力把池田绫子的声音描述得具体、可感，给阅听人留下了深刻印象。

在 2017 年 6 月 18 日的第 191 期节目《来自英国的水星》中，阿鹏叔以"水星"作为主题，采用了容易让阅听人产生幻想的节目名称。在节目开头时主持人阿鹏叔就阐述道："一向以提携新人著称的英国水星音乐奖设立在 1992 年，它是英国一年一度当中一个比较独特的奖项，因为获奖者只有一个，所以在音乐丛林里也要纯粹许多。"这句话是画龙点睛之笔，给人一种豁然开朗的感觉，不仅使阅听人了然节目名称的用意，传递出本期节目的音乐出处，而且"音乐丛林"这一词也让阅听人联想到"丛林法则"中竞争的激烈性，借此衬托音乐人获得水星音乐奖的不容易。

三、语言魅力之表现力

从艺术视角来看，表现力是指艺术家通过各种不同的艺术手法形象地表达人的情感、情绪、激情的能力。艺术家在形象的描绘中发现和利用细节的本领，能最充分地揭示所描绘的现象或性格的实质，从而决定整个艺术作品或其各个部分和形象的表现力。艺术表现力的程度主要取决于作者的才能和技巧。在不同种类的艺术中，表现力是通过不同的方式表现出来的。音乐主要是通过声音和音调来表现人的感受、感情，反映现实生活的；舞蹈则以动作和姿态作为艺术表现的形式。对于节目主持人而言，语言是进行交流活动、传递思想情感的工具，而音乐广播节目主持人的语言表现力要将语言和音乐相互融合，作为一体表现出来。"但是无论什么艺术形式，表现力都是以再现现实事物和现象的具体感性特点，即以描绘为根据的。"应该说，这就是音乐广播节目主持人语言表现力的基本规律。

"感人心者，莫先乎情。"主持人只有唤起内心的真情实感真诚地进行表达，说出的话才能感动人，与听众产生共鸣。在"网红时代"中，部分音乐广播节目主持人常常用十分夸张甚至搞怪的语言主持节目，这种看似充满激情的表现，并不是内心真实的体验，不能达到良好的传播效果。所以音乐广播节目主持人的语言表现不是一种外在的形式，"形式主义不但不丰富表现力，反而摧毁了那种只有在真实地艺术地反映生活的条件下才能达到的真正表现力"。因此，音乐广播节目主持人的语言表现力应该植根于生活体验之上，是一种由内而外散发出的内心情绪与情感的表现，不能为表现而表现，采取花哨的、故弄玄虚的表现形式和表达方法。接下来本文借由虾米音乐平台上音乐广播节目主持人李峙的《李峙的不老歌》节目来分析主持人语言的表现力。

李峙的节目旨在"听听老歌，好好生活"，节目以经典的歌曲为主打内容，每次都会选择一个贯穿节目始终的关键词。在 2017 年 9 月 26 日的节目《秋分以后，夜长梦多》中,李峙选择以“夜”为主轴,其音乐的内容和串词的部分都围绕着“夜”展开。为了描述夜的朦胧美,李峙这样说道:“有些时候夜会给人一种不安全的感觉,有些时候夜也会给人一种庇护感。我就是一个特别喜欢夜的人,可能白天把一切看得太清楚反而有点儿心里发慌。就好比说我自己是个近视,现在有 400 多度,但大多数时候都不戴眼镜,虽然说是模糊着看这个世界,但反而每次戴上眼镜心里觉得怎么这么不踏实呢,和我认识的这个世界有些不一样。而夜幕来临的时候,夜幕会把一切都笼罩起来,所有的一切都是模糊的,好像我看不清你,你也看不清我,这样子还挺安全的。”这段话把“夜晚的模糊美”通过自己的切身感受形象、生动地表达出来,拉近了与阅听人的距离,这样的表达也更加有张力。在节目的最后,李峙说:“春天的夜可能容易使人冲动,夏天的夜容易使人躁动,冬天的夜容易使人不想动。那么只有在秋天这个季节,尤其在秋分以后,夜越来越长,我们才可以更多地感受到属于自己的时间。就如开场和你说的一样,他乡风寒露更浓,劝君早晚要保重。”这段话一方面与本期主题节目和开场白进行呼应,另一方面,“他乡风寒露更浓,劝君早晚要保重”更是意味深长,容易让听众产生共鸣。

在 2017 年 10 月 3 日《代表月亮祝福你》节目中,李峙以“月亮”作为节目的主轴线,在时间上刚好契合中秋节。在节目中,李峙说:“《你看你看月亮的脸》这首歌唱的并不是月亮,月亮是无辜的。人家月亮就是出门打个酱油,经过你们家门口,然后两口子开始吵架,月亮说:‘咦,我只是路过,你们说我干什么?’”这段话中,李峙借用歌曲里的场景,将月亮拟人化,通过改变说话的方式和语气,赋予了月亮一个活泼的形象,增加了语言的表现力。当李峙谈到歌曲《城里的月光》时,他说:“关于城里的月光,印象最深的一次体验,是在北京的莲石路上面,跟朋友一块儿开车,从东往西开。那天夜色特别漂亮,空气也很好,电台在播《城里的月光》,当时就跟有点儿聒噪的朋友说:‘别说话’,下面一句不是吻我,而是听歌。”主持人通过略带幽默的方式对具体场景进行回忆与描述,增加了节目的灵动感。

四、语言魅力之爆发力

爆发力实际上是指不同肌肉间的相互协调能力,是力量素质和速度素质相结合的一项人体体能素质。爆发力分为三种：第一种是高爆发力（high power），即30秒内的运动；第二种是中爆发力（middle power），即30秒至5分钟间的运动；第三种是低爆发力（lower power），即5分钟至15分钟间的运动。根据此种区分方式，肌力与速度属于高爆发力，肌耐力属于中爆发力，耐力属于低爆发力。对于主持人来说，主持活动是主持人体力运动和脑力运动相结合的产物，需要全面释放主持人的体能、智能、情绪、反应等潜能，并且在短时间内产生力量，即产生爆发力。接下来，本文运用喜马拉雅平台上的音乐电台主持人小七的音乐节目作为案例，分析音乐广播节目主持人在语言使用上的爆发力。

截至2017年11月7日，小七于2017年9月3日发布的节目《车上的车音乐》点击量已达到10.8万。其语言的爆发力不在于声音的高低或者强弱，而在于小七介绍音乐时的积极状态。在这期节目介绍第一首音乐时，小七说："We don't care, we're driving Cadillacs in our dreams，这首歌发行于2013年，演唱者曾经凭借此曲夺得美国公告牌单曲榜九周冠军，并且还在其他九国获得了排行榜的冠军，可见她实力非凡——这首歌的原唱是来自新西兰的90后创作型女歌手Lorde。"从引述*Royals*里的一句歌词展开对歌手的介绍，整个过程不仅十分流畅，而且能够使听众感受到一种"对你说"的强烈愿望。小七在2017年9月21日的节目《何必爱得如此壮烈》中说道："《勇敢一点》这首歌由袁惟仁作词作曲、滚石唱片发行。小胖老师写给女生的歌可以柔情，像《梦一场》《旋木》，写给男人的歌又可以被唱得如此壮烈。当然我们今天歌单的壮烈是加了引号的。"主持人的语言里活泼与力量并存，在口语表达中既有信息的传递，又凸显语言的张力，使得阅听人在接收的过程中感到轻松、愉快。

但是在主持实践中，有相当一部分主持人难以产生爆发力，经常在节目主持了一半儿或快结束时才找到"感觉"。对于新闻节目而言，如果主持人的爆发力有所滞后，可能不至于影响整个节目，无非会留下一些遗憾；但是对于综艺娱乐、音乐广播等节目，如果主持人缺乏应有的爆发力或者爆发力滞后，势必会影响整个节目的情绪氛围，导致节目失败。

在主持实践中一个屡试不爽的经验说明了爆发力的重要性。综艺娱乐节目主持人，以及音乐广播节目主持人，在上台或者进播音间之前，常常需要活动身体，跑跑步、跳跳高，目的是使心跳加速，刺激肾上腺分泌，激发身体的潜能，以产生爆发力。这种外部刺激，会让人进入能量激活状态，有助于将人体能量更好地释放出来。热身之后，主持人会处于兴奋、愉悦的状态，情绪和情感就很容易被调动起来，思维也会活跃起来，注意力高度集中，从而全身心地投入到节目中，达到一种"忘我"的境界。所以，很多主持人都有这样的体会：在一次成功的主持之后会感到身心十分疲惫，什么都不想做，只想静静地休息。这是因为爆发力会消耗身体的潜在能量，人自然会感觉到疲劳。

爆发力是一种在短暂的时间内突然产生的力量。正如安东尼·罗宾所说："人在绝境或遇险的时候，往往会发挥出不寻常的能力。"换言之，人在没有退路时产生的爆发力其实是一种潜能的释放。人的潜能是多方面的，其中包括了体能、智能、情绪反应等。美国学者詹姆斯根据其研究成果得出这样的结论："普通人只开发了其蕴藏能力的 1/10，与应当取得的成就相比较，我们不过是半醒着的。我们只利用了我们身心资源中很小很小的一部分。"音乐广播节目主持人也是如此。在主持节目的过程中，音乐广播节目主持人同样存在巨大的潜能，当这种潜能被激发且在短暂的时间内生成爆发力时，不仅可以为节目"锦上添花"，更重要的是可以调动阅听人的情绪。可以说，爆发力是音乐节目主持人语言魅力的一个重要标志，也是其主持状态好与不好的一块"试金石"。

在竞争日益激烈的"网红时代"，音乐广播节目主持人应该让自身更加具备竞争力，不仅要增强领域内的专业性，借助大数据明确用户画像，让节目的传播对象更加具体清晰，而且还要在亲和力、想象力、表达力和爆发力这四个方面形成且加强语言魅力，让自己的表达贴上个性化的标签，最终树立个人品牌，成为这个时代大潮中勇往直前的"弄潮儿"。

（作者单位：中国传媒大学播音主持艺术学院）

优秀电视娱乐节目主持语言特点分析

刘 宇

随着电视节目类型的不断丰富，尤其是随着1997年湖南卫视《快乐大本营》的开播，原有的电视综艺节目呈现出一种新且纯粹的电视娱乐节目形态。电视娱乐节目在主持方式、节目环节上与之前的综艺节目大为不同，游戏色彩更浓，娱乐性大大强化，主持人的功能也更加凸显。业界专家及学者对电视娱乐节目的概念进行了进一步解读，笔者在此更赞同暨南大学新闻学博士张曼缔的阐述。张曼缔认为，随着广播电视的发展、社会观念以及受众需求的变化，综艺节目内部出现了一种比传统综艺节目更强调娱乐性和互动性、更能调动观众参与热情的节目，张曼缔称其为"娱乐节目"，并把晚会型和某些综艺的固定栏目称为"综艺节目"，如"春节联欢晚会和《正大综艺》等"。①

专家、学者对电视娱乐节目的分类各有不同，徐舫舟把电视娱乐节目分为五种类型：电视娱乐谈话节目、电视综艺游戏类节目、"真人秀"节目、电视娱乐资讯类节目以及电视益智博彩类节目；马谛把电视娱乐节目分为娱乐资讯节目、娱乐谈话节目、赛季节目、游戏节目、益智博彩节目、真人秀节目和综艺晚会节目七种类型；张雅欣认为，电视娱乐节目可分为综艺游戏类节目、益智竞猜类节目、访谈类节目、选

---

① 张曼缔.中国电视节目主持风格的演进与创新[D].广州：暨南大学，2012.

秀类节目、资讯类节目和竞赛类节目。以上不同的分类对本文研究电视娱乐节目主持语言具有一定的参考意义。在此笔者首先需要对所研究的语料进行选择与说明。

一、语料的选择与说明

本文研究的重点是电视娱乐节目主持语言，因此在众多类别的电视娱乐节目语料选取上有所限定。大部分“真人秀”节目已经不再设置主持人，即便有主持人，也因栏目策划需要而化身为节目中的角色，不再是纯粹的主持人身份，比如《奔跑吧兄弟》《爸爸去哪儿》等。因此，该类真人秀节目不属于本文的研究对象。

一些资讯类电视娱乐节目虽然设置了主持人，但是主持人的语言互动特征并不典型。个别益智竞猜类节目和竞赛类节目重在竞赛内容，而非强调主持人的功能，因此也排除在本文研究的对象之外。电视娱乐访谈类节目的特点较为突出，基本可以独立成类，因此本文不做该类节目语料的选择。

在电视娱乐节目中还有一大类别，即“综艺游戏类”电视娱乐节目，它更吻合本文研究的需要。所谓综艺游戏节目，是指大众广泛参与的、以一定游戏规则为主导、综合众多艺术形式的电视娱乐节目。[①] 电视综艺游戏节目集结了娱乐节目的娱乐本质，以才艺表演和游戏娱乐为核心内容，注重搞笑元素的充分发挥，因此主持人在节目中的地位举足轻重，优秀的主持人对观众具有强大的召唤作用。这类节目的主持人与嘉宾、现场观众以及电视机前的观众通过各种方式建立起联系，尤其是善用主持语言，使节目呈现出幽默风趣、机智灵活、热情欢快、随意自然的风格。有些主持人个性鲜明，形成了自己独特的语言风格，通俗中又具有丰富的文化内涵，备受观众的喜爱，比如湖南卫视《快乐大本营》的主持群，深圳卫视《年代秀》的主持人等。

综合以上语料选取标准，那些在娱乐节目中设置了许多游戏环节，使节目内容更为丰富、娱乐功能体现更为突出，尤其是主持人以多重角色参与到游戏环节之中

---

① 石长顺.电视栏目解析[M].2版.武汉：武汉大学出版社，2008：2.

并担当起传播娱乐功能的电视娱乐节目，是我们关注的重点。游戏娱乐本来就是人的天性，“表演者和参与者融为一体，竞技、游戏的过程即为节目的内容，具有相当的竞争性和刺激性，观众和参与者也由此获得身心的释放和愉悦，充分体现了电视在娱乐方面的社会性和大众化特征”①。主持人作为节目的核心，在节目中以亲切率真、个性鲜明等特点还原了节目的本真状态，丰富了娱乐手段，增强了观众对节目的认同感。这类娱乐节目的主持人正是本文要研究的对象。依据以上标准，我们重点选取了湖南卫视《快乐大本营》进行研究。

二、电视娱乐节目形态对主持语言的要求

电视娱乐节目主持语言特点与娱乐节目形态密不可分，电视娱乐节目形态具有娱乐表演性、幽默互动性以及文化审美性等特征。这些特点对娱乐节目主持人及其语言产生的制约性要求，主要体现在以下几方面。

（一）热情、亲切、欢快的语言

电视娱乐节目的娱乐功能属性要求娱乐节目主持人的声音音色给予受众更多的热情度，在听感上显得亲切、欢快，能激发受众，使他们愿意停留在节目当中，并对节目内容有所期待，从而使节目逐渐形成固定的收视群体。

（二）轻松、幽默、夸张的语言

娱乐节目主持人有声语言传递中，语气上的轻松、幽默与适度夸张，也是与娱乐节目本身特质紧密相关的。受众在收看节目时，需要得到身心的放松，主持人的轻松幽默能够感染到受众，而适度的夸张语气更能增强娱乐效果。

（三）自然、交流、互动的语言

电视娱乐节目主持人通过电子媒介增强传播效果，借助人际传播的亲切感和

---

① 朱羽君，殷乐.减压阀：电视娱乐节目——电视节目态式研究之一[J].现代传播，2001(2).

真实感，使用各种语言表达手段和情感传递方式，完成了口语交际行为。电视娱乐节目主持语言属于口语传播，体现出十分鲜明的口语交流的特征。自然的交谈语流，与嘉宾之间对话交流状态的构建以及互动感的体现，都是电视娱乐节目主持人在进行语言传播时应着重呈现的。

(四)即兴、沟通、协调的语言

以上所阐述的语言风格属于电视娱乐节目形态对主持语言的基本要求，而要体现出主持人的个性特征，则需要主持人呈现出良好的融即兴表达能力、沟通能力、协调能力于一体的个性化语言状态。

三、娱乐节目主持语言特点

结合电视娱乐节目形态对主持语言的要求，我们从实践层面上分析、归纳了电视娱乐节目主持语言的具体特点。

(一)语音要素的丰富性

语音是词汇意义和语法意义的物质形式，是语言的物质外壳。语音会对人的听觉产生刺激作用，引起人们的反应。我们常常会运用语音规律来提高表达效果，通过语音形式、声音配合和语音节律，使语言呈现出音乐美、增强感染力。口语表达包括多种语音要素，比如声音中的停顿、重音、语调、语速以及可以表示某些感情色彩的表情音色和与语音有关的节律等。

在电视娱乐节目主持中，如果主持人能够充分利用重音、停顿、语气、语调、语速等语音因素，通过声音的抑扬顿挫、高低强弱等手段来表情达意、烘托娱乐气氛，就会使节目达到很好的交际效果。比如充分利用语气转换的停顿、内容强调的停顿、犹豫不决的停顿等多种停顿方式来进行描述、介绍或评论。

在口语中，语调对于表达意义有着重要的作用，除表示语法外，还可以构成多种修辞变体。语调在书面语体中有升调、降调、平调三种形式，但是在口语语体中，同一语调类型搭配上语音的音长、音高、音强、音色等要素，可以表示多种附加的感情色彩，比如强调、委婉、冷淡、恳求、决断、迟疑、蛮横、温柔等。一个句子加上语调，可根据需要表现出与字面上一致的情感意义或与字面意义不同甚至相反的情感意义。研究发现，《快乐大本营》主持人在节目中能分别呈现出兴奋、热烈、激情的升调，情绪夸张、渲染的降调和清晰、稳妥、解释的平调来表达多样的情绪。

（二）词语选择的口语化与贴近性

口语化词语的运用能够增加话语表达者和接受者之间的交流感，拉近双方的距离，削减彼此的陌生度与拘谨度。研究发现，电视娱乐节目《快乐大本营》之所以能长盛不衰，与主持人巧妙的语言修辞有很大的关系。主持人习惯使用典型、通俗的口语词汇，比如在对某一状态进行说明的时候，习惯对程度副词进行重叠使用；有时也会合理运用方言词汇，使话语增加交流感与趣味性；主持人之间以及主持人与嘉宾之间的不同称呼语体现了亲近感与贴近性原则；句尾常使用非疑问词语的话语标记语；有时会通过创新词语来丰富语言修辞手段，增加交流上的趣味性和艺术性。

电视娱乐节目的功能之一即是使受众处于放松以及轻松、愉悦的状态。娱乐节目主持人首先自身需要具有这样的状态，并以一定的语言形式呈现出来，尤其是面对较为紧张的嘉宾时，更需要以巧妙的方式建构出轻松的对话场景，而口语化词语是重要的完成手段。

（三）简短句式与省略句式的运用

电视娱乐节目主持人语言是基于大众传播媒介的口语语体，具有自己独特的口语特征。本文尝试从听觉感官上对句式与修辞进行分析。通过研究《快乐大本营》主持人语料，我们发现，《快乐大本营》五位主持人使用的皆为短句。不仅如此，每位主持人在节目中独立说话的时长也不长，五人轮流交谈，这种交流方式为节目嘉宾建立起了热闹的语境氛围。即便是话语量相对较大的核心主持人何炅，在节目录制中发挥介绍、提问、引导、串联、推进的主导作用，他也只是在节目开场和结束时稍微占用相对稍长的时间而已。其他主持人则分别进行配合，烘托气氛。其中，谢娜话语量稍微多一些，另外三位主持人的话语量非常少，这与他们在节目中的不同角色定位有很大关系。定位不同，分工不同，话语量也自然有所不同。当然，多位主持人搭档主持节目，目的并不在于比谁的话语量多，而在于能够分工合作、协调配合，各自尽到各自的主持职责，共同完成节目的制作，要达到这种目的需要主持人之间的长期磨合。

不完全句子是口语中常见的句子特点。说话者因为是即兴言语交流，一边表达一边迅速编码的状态很难呈现出如同书面语那样字斟句酌的完善语句。正是因为说话者即兴脱口而出，说了句子的开头并没有想到结尾，需要结尾时却一时想不到更恰当的词语，或者直接停下来，变成半截子话；或者在话语进行中临时改变句子正常的结构；或者因呈现出断断续续的语流而使句子不完整等。这造成了不完全句子的产生。我们发现，《快乐大本营》中主持人语言呈现出来的不完全句子占多数，并表现为以下几种现象：半截子句、“错合”结构的句子、碎句子、重复句子、句子的追加结构、省略句以及非主谓句等。

在书面语体，尤其是逻辑性较强的书面语体中是严禁出现病句的，如半截子句子、“错合”结构的句子等不完全句子一般也不允许出现。而不完全句子出现在一定数量范围之内的口语中反而是一种正常现象，它并不影响交际的进行，甚至可以说它恰恰是口语表达的特点。因为，口语中句子与句子之间在语义上的联系大于逻辑上的联系，每一个小句子的独立性较强，常以一种并列的关系出现，所以不完全句子可以出现在口语交流中。

结　语

电视娱乐节目形态具有娱乐表演性、幽默互动性、文化审美性的特征，而优秀的电视娱乐节目与优秀的电视娱乐节目主持人之间是相辅相成的。电视娱乐节目形态对主持语言提出了基本要求，即热情、亲切、欢快的语言，轻松、幽默、夸张的语言，自然、交流、互动的语言。结合电视娱乐节目形态对主持语言的要求，我们在实践层面上分析、归纳了电视娱乐节目主持语言的具体特点：语音要素的丰富性、词语选择的口语化与贴近性、简短句式与省略句式的运用等。

当然，在主持实践中，电视娱乐节目主持人还需要随时观察嘉宾与现场观众的反应，并根据现场反馈的信号，对话语效果进行检验，即时调整和确定言语策略，使电视娱乐节目形态的娱乐表演性、幽默互动性、文化审美性等特征鲜明地呈现出来，在一定程度上满足受众感官与心理上的需求。

参考文献

敖扬.论中国电视综艺娱乐节目[D].南昌：南昌大学，2013.

胡静.《快乐大本营》节目幽默语言研究[D].武汉：湖北工业大学，2011.

计昭贤.电视娱乐节目语言研究——以《快乐大本营》为例[D].济南：山东大学，2013.

刘宁.内地综艺节目嘉宾与主持人幽默互动语言现象的探究——以深圳卫视《年代秀》为例[D].曲阜：曲阜师范大学，2015.

刘娜.电视娱乐节目主持人语言的语用分析[D].长春：吉林大学，2011.

娄炜利.人物访谈电视节目互动修辞研究[D].上海：复旦大学，2013.

曾艳.《快乐大本营》的构思及语言特点研究[D].南宁：广西民族大学，2010.

（作者单位：天津体育学院运动与文化艺术学院）

“一带一路”背景下财经节目的媒介环境及主持特征

龙煦霏

为更好地践行“一带一路”构想，我们首先需要与相关国家形成互相理解、互相尊重、互相包容的国家关系。在“一带一路”背景下，“走出去”的财经媒体肩负着开辟经济合作道路的重任，它们所制作的财经节目在政治立意、文化融合等方面都不同于国内播出的财经节目。这些无疑增加了财经节目主持的难度，对主持人的政治修养、文化修养、外语能力等提出了更高的要求。

一、“一带一路”财经节目的媒介环境

(一)“走出去”面临的挑战

改革开放40余载，中国取得了举世瞩目的成就，已经成为世界第二大经济体国家，国际地位不断提高。随着世界政治、经济格局的不断变化，中国提出的“一带一路”倡议在发展中取得了显著成果，给沿线国家带来了切实的经济利益，真正做到了“政策、设施、贸易、资金、民心的五通，将利益、命运、责任联结成共同体”。然而，由于欧洲、北美的一些媒体对中国形象进行“妖魔化”描述，我国媒体“走出去”并非一路坦途，而是面临着极大的风险与挑战，主要表现在以下几个方面。

1.国际话语权仍然有限,国际地位有待提高

所谓“国际地位”,是指一个国家在国际体系中所处的位置和该国在与其他国家行为主体相互联系、相互作用而形成的国际力量对比结构中的状态。① 国际话语权是一个国家的综合实力和国际地位的体现,包括知情权、参与权、表达权,是发表涉及国家事务和国际事务的看法或决定的权利。② 改革开放带来的经济腾飞使中国在国际政治、经济事务中具有一定的话语权。在气候变化、国际防控、国际金融改革等诸多方面,中国成为世界各国眼中负责任、有担当的大国,大国形象逐渐树立起来。然而,突破“西强东弱”的媒体格局绝非一蹴而就的。长期以来,西方国家凭借其工业革命以后的快速发展取得的国际地位,在国际舆论上占据了主导地位,对他国事务指手画脚、强加干预,在相当长的时间里形成了强势的垄断地位。

2.视听服务开发程度低,对接国家的官方保护政策壁垒高

广播电视媒体是每一个国家对外宣传的窗口,关系到一个国家对外主流价值观的塑造和国家安全。由于报道内容涵盖了语言、文化、宗教、历史、地域等,因此每个国家对其他国家的广播电视宣传都十分谨慎和敏感,在外来节目的准入中设置了重重关卡。尽管“一带一路”沿线国家对“一带一路”倡议评价很高,但是就广播电视节目的准入而言,除了美国、新西兰、多米尼加等少数国家在视听领域承诺贸易自由化外,欧洲和其他绝大多数国家或地区都没有将全部视听服务列入市场开放的承诺清单,这意味着这些国家或地区不必承担“市场准入”和“国民待遇”的义务。③ 早在1980年,由联合国教科文组织发表的《多种声音,一个世界》报告曾指出,很多国家政府为了加强对本国文化的保护,防止外来国家的意识形态和文化对本国渗透,都采取了不同程度的限制措施。有些国家针对外来文化采取了最直接的抵制手段,实行了严格的检查制度和边界控制,有时甚至驱逐所有外国技术人

---

① 百度百科“国际地位”词条[EB/OL].http://baike.baidu.com/item/%E5%9B%BD%E9%99%85%E5%9C%B0%E4%BD%8D? sefr=cr.

② 百度百科“国际话语权”词条[EB/OL].http://baike.baidu.com/link? url=WrpJ1_qKf4eDK62dxDwaTVomZok_0am3oZHL7j-G2U2K0qUM-a-D73HAUt3xl57qZOlxfXsV2FUbzIVYcp8rKnT7pDutVl3ZTkDQN_QEqVdBfC7mdBkxKP5zC_v_lasivFtlvNdwoAK83l231-ECfq.

③ 涂昌波.广播电视法律制度概论[M].北京:中国传媒大学出版社,2007:220.

员；还有一些国家则采用了独裁式的极端干预措施，各种文化活动的模式和内容都由政府或其他官僚机构确定，不得有其他文化活动模式或表达方式。[①] 尽管这份报告发表于 1980 年，但极端独裁式的管理制度在全球一体化不断深化的今天依然存在。

3.英语的世界文化地位难以撼动

现在世界通行的语言是英语，好莱坞的电影在世界各国都受到不同程度的欢迎。以美国和英国为主的西方媒体在传播中依然占据强势地位，在文化、生活、教育、语言等各个领域都有西方国家的印记，中国想要在短时间内打破这种舆论的不平衡格局并非易事。

(二)“走出去”的基础条件

媒体的传播能力和手段对一个国家的文化影响力具有直接的作用。尤其在当今信息社会，谁掌握了先进的传播手段和理念，谁就能够赢得先机，获得影响世界的话语权。“走出去”战略是国家领导层根据经济全球化新形势和国民经济发展的内在需要做出的重大决策。我国通过广播电视在国外落地推广财经节目已具备基础条件。

1.国家已经出台扶持政策

十六大以来，党中央在加快实施经济领域“走出去”战略的基础上，全面、深刻地阐述了文化“走出去”战略。十七大再次明确提出，要促进社会主义文化发展的大繁荣，提升国家文化软实力，进而提高中华民族的国际影响力。2012 年，《国家“十二五”时期文化改革发展规划纲要》明确了“实施文化走出去工程”，并针对“加强对外文化交流”“推动文化产品和服务出口”“扩大文化企业对外投资和跨国经营”等战略出台了一系列重要举措，[②]提出“以提高文化开放水平为着力点，推动中

---

① 联合国教科文组织.多种声音，一个世界[M].中国对外翻译出版社公司第二编译室，译.北京：中国对外翻译出版公司，1981：224-225.

② 国家“十二五”时期文化改革发展规划纲要[EB/OL].(2012-02-16).http://news.xinhuanet.com/politics/2012－02/16/c_111529579.htm.

华文化走向世界，力争到‘十三五’末形成更加完备的多渠道、多层次、宽领域的对外和对港澳台文化交流格局”。中国财经媒体“走出去”是“文化走出去”工程的重要组成部分。一方面，中国财经媒体需要向世界传播中国的声音，这是世界了解中国最直接的方式；另一方面，中国财经媒体可以在国际事务中发挥自己的力量，拓宽世界人民和中国人民相互沟通的渠道，满足双方的诉求。

2.具备一定的硬件条件

中国国际电视台（中国环球电视网）正式开播后，习近平主席作出了批示，要求中国国际电视台坚持文化自信，以新闻立台，紧密联系受众，打造融合传播平台，传递具有中国视角、世界眼光的信息资讯，向世界展示一个立体、多彩的中国，讲好中国故事。[①] 习主席的讲话是媒体“走出去”的集结号：央视实现了多语种、地域化的节目播出；中国国际电视台（中国环球电视网）是中国中央广播电视总台下属的新国际传播机构，为全球受众搭建了提供良好服务的硬件平台。该机构下设6个电视频道、3个海外分台、1个视频通讯社以及新媒体集群，为“走出去”奠定了硬件基础。

3.发挥中华文化软实力的作用

近几年，世界各地刮起了“中国风”，各国逐渐兴起了学习汉语、研究汉学的新风尚，以《道德经》为代表的中国文化典籍在世界各国民众和西方政要间受到追捧，[②]许多国家的高校都开设了汉学或者中国学系。作为海外研究中国的第一大国家，美国研究中国学的机构从“二战”后的5家增加到200多家；英国从2014年起将汉语普通话列为学生的外语必修课，[③]汉语学校在亚洲国家也逐渐增多。由此可见，汉语在众多国家的普及增加了各国民众对中国文化的认知度，让全球刮起了中国风。

---

① 习近平致中国国际电视台（中国环球电视网）开播的贺信[EB/OL].(2016-12-31).http://news.xinhuanet.com/2016－12/31/c_1120226957.htm.

② 从道德经中汲取智慧[EB/OL].(2007-04-24).http://theory.people.com.cn/GB/40534/5654890.html.

③ 英国拟将汉语列入学生必修课[J].语文教学与研究，2012(22).

二、“走出去”财经节目的主持特征

(一)“走出去”财经节目的特殊使命

文化是一个民族无法割舍的血脉基因,相对于生物基因而言,文化基因是非生物基因,是通过遗传和日积月累的后天学习后植入人类体内的信息元和信息链,其表现特征是信念、价值观与习惯。文化基因的外在表现即为文化自信,这表明财经媒体“走出去”的自信由我们的民族使命决定。西方发达国家长期处于国际舆论的主导地位或中心地位,我们的地位常常处于核心之外的外围部分。由于没有出现能够制衡这股中心力量的新兴力量,中国向外界发出的声音总是得不到应有的国际反响。

我国财经节目起步较晚,这与我国由计划经济转变为市场经济不无关系:我国金融文化兴起仅 20 年的时间。随着“一带一路”的不断深入,我们的节目可以通过别国的媒体播出,但这些并不在必须履行的义务之列,因为中国媒体如何传播、传播什么,都需要深思熟虑。在西方已经构建起的媒体舆论格局中,要想发出属于中国的声音,财经媒体人肩上的担子是沉重的。在总是宣扬所谓的“新闻客观”的指引下,西方媒体对于中国报道的“刻板印象”很难消除:一种是将中国媒体的报道程式停留在物资匮乏的时代,让很多对中国了解不深的国外民众对这个遥远的国度仍抱有“落后而神秘”的印象;另一种是将中国的崛起、承担大国的责任歪曲成“中国威胁论”,让很多国外民众在接触有关中国的报道时不自觉地产生抵触心理。

(二)“走出去”财经节目主持特征

在西方媒体垄断国际舆论的格局下,我们不能寄希望于西方媒体主动报道发展中国家,或给发展中国家以更多的宣传机会。习近平总书记在庆祝中国共产党成立 95 周年的讲话中曾说:“自信人生二百年,会当水击三千里。”这种勇气能使我们毫无畏惧地面对一切困难和挑战，坚定不移地开辟新天地、创造新奇迹。[①] 文化自信是道路自信、制度自信、理论自信的根本与基石，中国共产党和中国人民的伟大奋斗不但继承了中华民族的优秀传统文化，还培育出了中国革命文化和社会主义先进文化，为“走出去”财经节目主持人的工作指明了方向。

1.主持人需要文化自信

中华文化孕育了民族精神，它是凝聚人心的核心力量。我们要实现中华民族伟大复兴的“中国梦”，就要坚定自己的文化自信，坚守自己的精神家园。只有具备了民族精神，我们才可能在历久弥新的文化传承中继续发挥社会主义的核心价值观；只有坚守了文化自信，我们的民族才有希望，国家才有力量；只有坚定心中的文化信仰，播音员、主持人才能更好地服务于人民。广播电视是传播我国民族文化的重要载体，财经节目主持人更是其中的重要组成部分和执行者。主持人只有内心真正充满文化自信，才能在传播中更充分地展现主持语言的文化魅力。

财经节目主持人是播音员、主持人队伍中比较“年轻”的群体，面对当前复杂的国家局势，更应该以自身的工作为载体，积极参与中国政治、经济、文化的建设，更好地让中国文化“走出去”。随着国际交流的不断深入，我们不仅需要对内宣传，还要对外展示我国的文化魅力。在达沃斯世界论坛、G20 杭州峰会等举世瞩目的经济论坛中，中央人民广播电视总台财经频道的《经济信息联播》《对话》《经济半小时》等栏目都从不同的角度向世界展示了中国的新风貌。

研究发现，财经主持人的文化自信来源于内心的归属感。国外很多知名主播都是具有多年实践经验的记者或具备专业经济背景的专家。因此，我们在“走出去”时很可能对自己的传播能力缺乏信心，认为我们与国外的财经节目制作水准不在一个层级，继而对自己的工作产生怀疑。对此，财经节目主持人应该充分认清中国特色和无产阶级特色，不能妄自菲薄，要坚持文化自信，坚信在中国教育孕育下中国特色知识分子的文化底蕴。别国的月亮不都是圆的，木桶理论同样适用于国外同行，我们对西方思想的吸收与借鉴一定是在文化自信的基础上完成的，在节目

① 习近平谈文化自信[EB/OL].(2016-07-13).http://cpc.people.com.cn/GB/http:/cpc.people.com.cn/n1/2016/0713/c64094-28548844.html.

中有意无意模仿西方媒体的表达或用西方媒体的语气讲话是绝对不可取的。

2.主持呈现需要"本土化"

齐白石曾经说过:"学我者生,似我者死。"不可否认,在欧美财经频道中异军突起的世界知名财经频道,如CNN财经频道、FOX财经频道、CNBC财经频道,它们成熟的模式和财经主持人的挑选与培养机制值得我们借鉴。文明因互鉴而丰富,但是完全信奉"拿来主义",结果一定是在对外宣传中陷入"东施效颦"的尴尬境地。为此,"走出去"的主持人需要针对不同国情,从传者与受者的心理出发去把握节目的呈现形式。

"本土化"这个词源于商业领域。提出"本土化"的目的是为了使商业经营适应其他国家的文化、宗教、政治环境,淡化固有的特点,以此来减少实际经营中的问题。"本土化战略"又叫当地响应能力、当地化经营,①它是一个过程,最终是为了达到满足传者与受者双方的需求。世界各国人民因为地域、民族、文化、生活习惯的不同,世界观和价值观也就不尽相同,这就形成了差异化的心理定式。要想让传播更有渗透力、影响力,就要细分受众所在区域,尊重该区域的独特性,做到因地制宜、因人制宜。例如,中国疆域广大,与之接壤的国家有14个之多。这些国家中既有越南、老挝、朝鲜这样的社会主义国家,也有日本、韩国这样的发达国家,还有巴基斯坦、尼泊尔等"一带一路"沿线国家以及有俄罗斯、印度这样的金砖国家。我国同这些邻国的关系既有合作也有竞争,这其中还夹杂着南海问题、中日历史遗留问题、领土争端问题等。传播学的实践表明,受众在接受新的信息之前,已经有了一定的认知意向。"他们一般都倾向于接受与自己原有的认识结构相符合的信息,而对于与自己原有认识结构不符合的信息,则往往会表示怀疑或者拒绝。"②这个研究结论为我国媒体在传播中采用"本土化"的表达方式来传递自己的传播内容提供了理论依据。

西方媒体有很多"本土化"成功的经验。例如,MTV中文频道在20世纪90年

---

① 百度百科"本土化"词条,http://baike.baidu.com/item/%E6%9C%AC%E5%9C%9F%E5%8C%96?sefr=cr.

② 郑兴东.受众心理与传媒引导[M].北京:新华出版社,1999:168.

代曾经风靡亚洲，其董事长在向中央音乐学院捐赠奖学金时曾表示：“音乐是世界通行的语言，听到它、回应它，可以使文化差异冰消雪融。”当 MTV 中国策略大获成功时，MTV 也顺理成章地成为中国最大的外国音乐节目供应商。借鉴国外经验，“走出去”的财经节目主持人可以根据目标国的传播对象因地制宜、因人制宜地进行分众传播，充分关注“人的反应”，以“本土化”的呈现润物细无声地影响落地国的经济生活。

（三）“走出去”财经节目典型范例

《经济日报》集团－中国经济网－中经电视是最具财经影响力的媒体之一，其在“走出去”财经节目方面的行动力不容小觑，具有代表性的节目有《经济热点面对面》《每周中国经济》等。目前中经电视的财经节目以巴基斯坦为起点，正逐步在沿线国家落地播出。

《经济热点面对面》是一档具有鲜明经济特色和独特风格的深度对话节目，主要内容为邀请权威专家解读国家经济政策及网民关注的经济热点话题，曾于 2013 年度获得网络视频十佳品牌栏目大奖。落地巴基斯坦的《经济热点面对面》栏目曾进行一系列改版：多角度选取与经济、文化有关的内容进行解读；主持人和嘉宾以英语为工作语言；以英语和俾路支语作为提示或字幕；将中国经济生活与当地经济生活穿插播放，结合当地实际进行双方隔空交流。

《每周中国经济》从大事、政策、市场三方面，对中国为期一周的经济动态进行梳理，分析、解读热点新闻，预测市场大势，为中国商家和海外商家寻找商机。该节目在韩国经济 TV 播出，由主持人、点评嘉宾、韩语翻译共同主持；在巴基斯坦 VSH 电视台也同步播出，并配英语和俾路支语字幕解说。

结　语

“国之交在于民亲，民相亲在于心相通。”与国内播出的财经节目相比，“一带一路”背景下负责“走出去”的财经节目面临着复杂的环境，节目设计更需要注重落地国的经济实际和受众需求，对主持人在政治、文化、外语等方面提出了更高的要求，主要表现为需要文化自信和坚持“本土化”原则。

(1)端正工作态度，明确工作目标。一切工作都应该围绕呈现共赢的美好愿景展开，避免冷冰冰的、毫无人情味的“强硬”宣传。

(2)充满人文关怀，深入了解外宣国家民众的文化心理、生活习惯、宗教信仰，以传播中国正能量为前提，用耐心、细心、暖心的传播理念传递积极信息。

(3)了解中国与外宣国家的经济发展共性和特殊性，避免有意或无意地效仿欧美发达国家的财经主持模式。

（作者单位：中经电视财经频道）

我国电视财经栏目主持特点解析

金 翔

1978年十一届三中全会以来，从计划经济到社会主义市场经济，我国经济改革走过了40余年的风雨历程。伴随着经济的发展，我国电视财经栏目的播音主持也走过了漫漫长路，逐渐形成出数据呈现、措辞严谨、深入浅出的鲜明风格。本文将通过不同类型的电视财经栏目的对比，总结此类栏目播音主持的特点，以期为竞争日益激烈的电视财经栏目的播音主持发展提供可借鉴的经验。

一、电视财经栏目的发展历程

（一）20世纪80年代的起步期

1978年，党的十一届三中全会的召开，拉开了改革开放的序幕，国家的工作重心转向以经济建设为重心。在这样的时代大背景之下，电视财经栏目有了生根发芽的土壤。电视财经栏目首先萌发于经济发达的沿海地区的地方电视台：1981年10月，上海电视台推出《市场掠影》；1982年4月，广东电视台播出《市场漫步》。随后，中央电视台也开始涉足经济领域：1984年，中央电视台设立经济部；1985年1月1日，由中央电视台经济部主办的《经济生活》栏目在央视一套综合频道播出，这是一档经济宣传类栏目，主要是向全国人民介绍国内外经济发展现状、宣传经济建设的经验等;1987 年 2 月 1 日,CCTV-2 正式开始向全国播出,《经济生活》改版为《综合经济信息》;1989 年 12 月 18 日,《综合经济信息》改版,一档全新的经济深度报道栏目应运而生,《经济半小时》正式与全国观众见面。

由于这一时期的财经栏目还处于摸索阶段,因此无论是节目定位、栏目样式、内容设计、制作技术还是栏目主持,刚刚起步的电视财经节目都不够成熟。

(二)20 世纪 90 年代的发展期

经济基础决定上层建筑,经济建设的火热开展不断推动着财经栏目的发展。1992 年我国首次提出要建立社会主义市场经济体制,中国的经济体制改革持续深入,各项改革措施依次推出,改革步伐不断加快,经济活动已然成为社会关注的焦点。

1992 年 8 月 31 日,党的十四大召开前夕,《经济新闻联播》在 CCTV-2 正式开播。不同于 CCTV-1 的《新闻联播》,《经济新闻联播》旨在形成全国电视经济信息传播网络,沟通产供销渠道,为繁荣社会主义商品经济服务,为发展生产力牵线搭桥,成为生产者的参谋、经营者的顾问、消费者的知音。

1996 年之后,CCTV-2 又开办了一大批财经类新栏目,如《财经报道》《生活》《环球经济》《金土地》《欢乐家庭》《企业家》等,财经栏目种类开始丰富,农业财经栏目、财经故事栏目开始出现。与此同时,在中央电视台的带领之下,全国各省市地方电视台奋起直追,也先后开办了许多受观众欢迎的电视财经栏目。

(三)21 世纪初的专业化发展阶段

进入 21 世纪之后,财经频道向专业化转型,各地方电视台开始建立财经频道,由此带来了财经栏目的空前繁荣。

在这一阶段,CCTV-2 历经三次改名,并在每一阶段推出具有频道特色的节目,如“经济·生活·服务频道”时期的《对话》《开心辞典》《幸运 52》,“经济频道”时期的《第一时间》《全球资讯榜》,“财经频道”时期的《环球财经连线》《交易时间》《市场分析室》等。

与此同时，地方财经频道在中国遍地开花，上海第一财经、浙江经视、安徽经济生活频道、四川经济频道、广东经视、湖南经视等一大批省级财经频道开播，电视财经节目日益丰富。

（四）21世纪10年代至今的媒介融合发展阶段

进入21世纪的第二个十年后，媒介融合已经成为传媒界不可阻挡的发展趋势，网络财经节目的兴起，如《吴晓波频道》《十色财经》等，不断冲击着传统电视财经节目。此时，电视财经节目也紧紧跟随时代发展潮流，抓住机遇，在电视、网络、手机等多个平台同时发声，扩大其影响力。例如广东卫视与上海极视文化传播公司共同打造的《财经郎眼》，除了在广东卫视每周一晚固定播出之外，在互联网平台上也定期更新；优酷财经频道2016年的《财经郎眼》的点击量高达35,271,953次（数据截至2017年2月12日），是中国网络点击率最高的财经栏目。另外，传统电视财经栏目也积极利用微博、微信等平台与受众实时互动，了解受众喜好，分享财经讯息。

二、不同类型电视财经栏目的主持特点

目前财经栏目进入繁荣期，财经栏目的类型也更加丰富。本文将采用个案研究法，通过一些有代表性的栏目来探析不同类型财经栏目的主持差异。

（一）财经资讯类栏目主持特点

财经资讯类栏目主要为普通百姓提供经济和生活服务信息，节目氛围轻松、温暖、明快、向上。《经济信息联播》是中央电视台财经频道的龙头旗舰栏目，立足于中国和全球经济新闻总汇，报道每天最重要的财经新闻，发布重要的经济政策并对其进行权威解读，捕捉最敏感的行业变化，是中国经济宣传的主阵地。

2018年1月2日，全新改版的《经济信息联播》正式播出。改版后的栏目更加与时俱进，贴合受众需求。

1.平易近人，亲切自然

由于财经话题具有一定的严肃性，为了使节目更易被普通受众接受，《经济信息联播》追求更加轻松、自然的节目氛围。在布景上，演播室里移除主播台，使观众能看到主持人全身，消除了主持人的神秘感，拉近了主持人和受众之间的距离；在播报姿态上，主持人改坐播为站播，既增加了主持人的肢体语言，又营造了轻松的氛围。

2.播说结合，互动频繁

在播报语态上，《经济信息联播》交叉使用单人“播”新闻和双人“说”新闻的方式。与传统的四平八稳、正襟危坐的新闻消息类节目相比，《经济信息联播》的播报语速较快，节目氛围轻松，亲和力强，两位主持人在聊天的过程中导入信息、进行版块的串联衔接，打破了电视单向线性传播模式，实时通过微信公众平台与受众互动，评选“今日最新闻”，增强了节目内容的互动效果。

3.承上启下，有机整合

在内容上，主持人的播报更加注重承上启下。由于时长要求严格、政治地位高等因素的影响，传统的联播资讯类节目，如中央电视台的《新闻联播》和各地方台的地方新闻联播主持人自由发挥的空间小，新闻之间缺少连接。而《经济信息联播》对时长的限制相对宽松，可在42分钟至50分钟的范围内浮动，因此主持人有了较大的发挥空间，可在播出稿上进行二次加工，使零散的新闻形成一个有机整体，增强节目的可看性。

（二）财经访谈类栏目主持特点

财经访谈类栏目是一种邀请企业家、投资家、学者进入演播室与主持人对话，挖掘企业故事、个人经验，畅谈经济动态的节目。国内观众较为熟悉的财经访谈类栏目有《对话》《波士堂》等，本文将以《对话》为例进行探讨。

《对话》自2000年创办以来，已有近20年历史，每次节目由突发事件、热门人物、热门话题或某一经济现象导入，通过主持人、嘉宾、现场观众三者之间的对话和交流，直逼热点新闻人物的真实思想和经历，展现他们的矛盾、痛苦和成功、喜悦，折射经济社会的最新动向和潮流，同时充分展示对话者的个人魅力及其鲜为人知的另一面。

1.聚焦嘉宾，巧妙沟通

节目良好的开端对于建立舒适的谈话场、吸引受众注意力发挥着重要的作用。一方面，在访谈类节目中，嘉宾往往很难在一开始就进入放松的状态，主持人要巧妙地设计开场、打开话题，才能够激发嘉宾的表达欲望；而另一方面，作为一档高端访谈栏目，《对话》所邀请的嘉宾大多为世界政要、经济学家、大型公司领导者等一些具有强势话语权的人物，这些人和普通受众之间难免会有距离感，因此主持人还需要在嘉宾和受众之间建立一个良好的谈话场，消除隔阂，拉近二者之间的距离。2016 年 5 月 22 日的节目中，接受邀请的嘉宾是万达集团董事长王健林。在节目的一开始，陈伟鸿以与唱歌有关的问题打开话题，因为王健林本人非常喜欢唱歌，曾多次在万达年会上献唱。以一个嘉宾乐于回答、观众乐于倾听的话题作为节目的暖场方式，能够快速拉近主持人、嘉宾、受众之间的距离。

2.立足受众，精细提问

财经节目的收视群体不仅有专家学者、企业家、投资人，还有广大的普通百姓，彼此之间的需求存在很大的差异。因此，主持人在设计提问时，要顾及不同受众群体的需求，既能高屋建瓴，站在宏观的角度看问题，也能俯下身子，从普通百姓的实际生活需求出发，提出相应的问题，让受众的疑惑能在节目中得到嘉宾权威性的解答。

以《巴菲特的玩偶时代》为例，对于巴菲特这样一个投资大师，专业人士关注的是他如何分析经济形势、把握机遇，而普通受众的关注点则是他在投资时如何选择才能获得巨大的收益。主持人陈伟鸿关注到了二者需求的差异性，在提问过程中，除了对巴菲特的人生经历及其对中国经济的看法等提出问题外，也把目光聚焦在了巴菲特的投资原则上，为受众挖掘了巴菲特更多的财富秘密，使节目内容更加丰满。

(三)财经脱口秀类栏目主持特点

财经话题涉及很多数据、专业术语，具有很强的专业性，对于普通百姓而言，此类话题艰涩难懂，不具备欣赏性和娱乐性。正因为如此，财经脱口秀类栏目应运而生，以轻松、幽默的口吻来讨论晦涩的财经话题。纯粹的财经脱口秀类栏目在中国电视荧屏上并不多见，但在某一档栏目的某一版块会涉及脱口秀的节目形式，如广东卫视《财经郎眼》的第一版块《笛一声》。

《财经郎眼》是一档由王牧笛主持、郎咸平担纲固定嘉宾的财经访谈类节目。其中，由王牧笛一人主持的《笛一声》版块以脱口秀的形式，关注民生经济事件，个性化地解读经济。王牧笛在财经脱口秀节目的主持中有以下两点突出的特色。

1.小切口，大容量

在《财经郎眼》的节目结构中，《笛一声》这一版块的很大一部分作用就是以轻松、幽默的方式为之后《郎来了》这一专业性较强的版块做铺垫。因此，作为主持人的王牧笛需要用大量观众熟悉的身边话题来讲述一个财经现象，以小见大，为郎咸平的专业解读铺路。例如，在 2014 年 6 月 2 日的节目中，王牧笛通过讲述“手机控”的一天，阐明了现代人对手机的依赖，从而引出“4G 来了”的主要话题；在 2017 年 9 月 18 日的节目中，通过对熬夜、暴饮暴食、不运动等现代人不良生活习惯的探讨，王牧笛引入本期节目的主要话题“资本力量进驻大健康产业”。

2.旧故事，新解读

作为脱口秀主持人，讲好故事是必备的能力之一。王牧笛善于用现代流行的语言或者新的方式解读众所周知的老故事。例如，在 2017 年 4 月 10 日的节目中，王牧笛把孟母三迁的故事戏说为投资学区房；在 2017 年 10 月 9 日的节目中，他运用时下流行的嘻哈歌曲中常用的“单押”技法讲述兄弟折箭的故事。无论是流行语的加入，还是流行形式的解读，都赋予旧故事以新意，很能吸引受众的注意力。

(四)财经评论类栏目主持特点

财经评论类主要是主持人或评论员就某一财经事件发表看法、引导社会舆论。

《央视财经评论》是我国观众最为熟悉的财经评论类栏目，始创于 2008 年 10 月。原名《今日观察》，于 2012 年更名为《央视财经评论》。《央视财经评论》秉承“换个视角看经济”的理念，汇聚多方观点，进行智慧碰撞，用正确的价值观引导观众，看清纷乱新闻背后的逻辑脉络。

1.数据呈现，直观可见

在《央视财经评论》的节目中，主持人主要负责描述事件背景，针对事件发起提问，并对嘉宾发言进行总结，而评论部分主要由相关领域专家所担任的评论员角色完成。在这样的角色设置之中，主持人需要将财经事件清晰、易懂地告诉观众，并且要善于运用数字解释问题。例如 2017 年 11 月 9 日的节目讨论了中美贸易话题，特朗普访华签订 2,535 亿美元订单。普通观众对这个数字可能没有概念，于是主持人张琳便将这个数字与 2016 年中美贸易总额进行对比，直观地告诉观众这次订单数额之大。

2.二次解读，深入浅出

由于经济领域的专家所做的评论和表述具有一定的专业性，所以需要主持人对专家的话语进行二次解读，在表达自己观点的同时以评析的方式深入浅出地解读专业术语，使之通俗易懂，更易于传播。

结　语

市场经济的繁荣使电视财经栏目如雨后春笋般涌现，新媒体的出现和发展加剧了财经栏目的竞争。若想在浪潮中站稳脚跟，财经栏目主持人从专业技能上必须“一专多能”，既需要掌握播音主持的基本功，如采访、播报、串联、评论等，也需要具备财经知识专业背景，向专业型节目主持人发展；而在主持风格上，主持人必须“接地气”，将艰涩难懂的财经信息以通俗易懂、轻松幽默的方式解读，以追求更好的传播效果。

参考文献

范建国.任重而道远——记《经济信息联播》开播三周年[J].电视研究，1995(11).

孙凤毅.与中国经济一同成长——中国电视经济节目 30 年[J].当代电视，2008(8).

杨伟光.中央电视台发展史[M].北京:北京出版社，1998.

岳森.中国电视新闻节目发展史研究(1958－2008)[D].厦门:厦门大学，2009.

张立喆.财经类电视节目的主持风格研究[D].长春:吉林艺术学院，2013.

柴璠.融媒体时代财经节目主持人的成长路径[J].湖南师范大学社会科学学报，2017(5).

张澍晨.电视财经谈话节目成功因素分析——以央视《对话》节目为例[J].新闻研究导刊，2015,6(17).

(作者单位:中国传媒大学播音主持艺术学院)

电视体育赛后采访的提问策略研究

沈群淇

要了解什么是电视体育赛后采访，首先看看郝勤在他的《体育新闻学》一书中是如何定义体育采访的：体育新闻采访又称体育采访，是体育记者对体育运动实践中具有新闻价值的材料进行搜集、记录、整理的过程。体育新闻采访的任务是通过体育记者的采访活动，及时获取有新闻价值的、真实的体育信息，并将其加工为特定媒体报道方式所要求的报道素材以便满足受众要求。而关于赛后采访，他是这么解释的：赛后采访是记者在比赛结束后及时进行采访，以获得报道所需要的新闻素材的一种活动。赛后采访是体育赛事报道的基础性工作之一。

电视体育赛后采访除了是电视体育新闻的直接素材来源之外，很多时候会配合电视转播，在第一时间直接播出，以达到丰富转播内容的效果。据此，对电视体育赛后采访的理解便可以是：电视体育记者在比赛结束后及时进行采访，以配合电视转播的内容需要，同时获得报道所需要的新闻素材。

电视体育赛后采访作为电视体育新闻采访中的一个特殊环节，既是体育新闻产出的宝贵原材料，也常常是一场比赛转播的组成部分，还是一场比赛结束后观众和球迷所期待的点睛之处。以 2016 年里约奥运会女子排球决赛为例，中央电视台在该场比赛中所占的收视份额高达 7.08%。赛后，央视对赛后采访进行了全程直播，时长达 17 分钟。在这段采访被制作成为新闻之前，它已经获得了相当的传播效果，成了大家热议的话题。因此，对电视体育赛后采访进行探讨和研究，不仅有利于电视体育新闻的发展，而且对电视体育在新环境下竞争力的提升也有一定的参考价值。

一、电视体育赛后采访的提问类型及其功能

对于一个记者、一场采访来说，提问的重要性毋庸置疑。如果不讲究提问，那么这个角色便只是“举着麦克风的人”而不是“记者”；这项活动就是“演讲”而不是“采访”。在了解提问策略之前，熟知提问的类型与效果至关重要。

(一)从提问的内容看

在赛后采访中，可被问及的内容十分丰富，提问内容的选择和组合要做到多层次、多方位，在有重点的情况下，多方补充。

第一，情绪抒发类问题。这类问题在体育赛后采访中是必不可少的。体育的迷人之处很多时候在于赛场上的跌宕起伏可以随时引起人们情绪的高低变化，带来极致的情感体验。分享真实的感受与情感，信息量看似不多，但却正是观众所需要的。

问：漂亮！好样儿的！

答：哇……吓……好吓人呐……哈哈哈

问：怎么吓人了？是不是觉得非常梦幻？

答：对，真的是。就觉得，开始没想那么多吧，就想把过程做得更好一些，然后到最后真正拿到这块金牌的时候就真的跟做梦一样。

(2016 年中国女排里约奥运会夺冠后，惠若琪接受采访)

第二，细节解读类问题。这类问题也很常见。在不可预知的比赛过程当中，常

会出现一些令人感动、惊心动魄、耐人寻味或难以理解的细节或时刻。由于种种原因,观众在比赛进行中由于无法理解而感到困惑,因此这样的问题在赛后采访中出现,往往可以帮助或提醒观众对比赛进行回顾,强调重点,加深印象。

问:在比赛最后,你做了一个这样的手势(比画),相信是给特殊的人的。

答:我是……给我自己的,谢谢,谢谢。(离开)

(2016 年里约奥运会男子羽毛球半决赛后,谌龙接受采访)

第三,技战术类问题。这类问题往往是资深球迷或该项运动爱好者热衷讨论的话题。当然,这种提问要求记者本身具有一定的专业素养。

问:你今天转身做得不太好吧。

答:转身我就一直都不会转,所以短池从来都游不快。

(2016 年游泳世界杯系列赛北京站 傅园慧赛后接受采访)

第四,回顾及展望类问题。尽管当场比赛是赛后采访围绕的中心,但不能只局限于此。适当地回顾过去、展望未来有助于增加采访整体的层次感。

问:没有关系,其实后边儿呢,应该说还有两场比赛,我们的奥运之旅还要继续,不管怎么说,展望一下后面的比赛吧。

答:(对于)我们中国男篮来说,一路走到现在……

(2016 年里约奥运中国男篮小组赛失利后,易建联接受采访)

(二)从提问的形式看

内容相同的问题,提问的形式不同,得到的效果也会有差异。在不同的情境下,我们需要运用不同的提问形式。郝勤在《体育新闻学》中把问题分为了开放式和封闭式两类。在此基础上，本文将提问分为三类：全开放式、半开放式和封闭式。

全开放式的问题比较特殊，通常只是一段描述，问题在描述中被隐去，有的甚至并不能算是问题。但当受访者和观众的情绪都达到极致的时候，这种看似"不专业"的提问方式，却能给受访者极大的发挥空间，十分有利于受访者真实情感的流露。

问：郎导，我代表全国亿万的观众先给您一个大大的拥抱吧。

（拥抱）

真的，此时此刻只想说感谢！

（递话筒）

答：其实我觉得，应该感谢所有支持我们的人……

（2016 年里约奥运会中国女排夺冠后，郎平接受采访）

半开放式的提问相比较于全开放式的提问更加具体，例如"为什么""怎么看""如何评价"等。这种提问方式指明了回答的方向，但仍留出了回答空间，任由受访者发挥，不轻易暴露提问者的预设，从而避免造成受访者反感、逆反等心理。

问：中国队的奥运之旅可能在今天要画上一个句号了。可能在过去的这五场比赛里你们经历了很多的失败，经历了很多的这种彷徨，甚至绝望。但是最终可能今天必须要结束了，此时此刻我不知道你有什么样的感受？

答：我觉得这一次奥运会经历，收获很大吧。让我们看到了，与世界强队的差距，我觉得这个是一个很好的经历……

（2016 年里约奥运会中国男篮小组赛失利后，翟小川接受采访）

封闭式提问的优缺点都很突出。其优点是具体且短促有力，常常可以省去"废话"直指关键。但缺点是过于强的引导性与预设，容易造成受访者反感、逆反等心理。封闭式提问常常是一道选择题，如"是……还是……""是不是……""有没有……"等。

问：你游了58秒95，这个成绩你满意吗？

答：58秒95？（倒吸一口凉气）

问：你都没想到自己游到这个成绩吗？

答：我以为是59秒，（倒吸一口凉气）我有这么快？我很满意！

问：你很满意是吗？

答：对！

问：你觉得今天这个状态有所保留吗？有没有为……

答：没有保留！

（2016年里约奥运会女子仰泳半决赛赛后，傅园慧接受采访）

二、电视体育赛后采访的提问策略

（一）知己知彼，提问专业

知己知彼中的"己"是指记者所代表的媒体和观众，而"彼"则代表了受访者。提问专业中的"专业"则包含了两层意思：第一层专业指的是这个提问符合记者的身份，即要问观众想知道的问题；第二层专业指的是记者要拥有一定的体育项目专业知识，即要问有深度的问题。做到这两个"专业"是成为一名体育记者最基本的要求，也是完成一场高质量赛后采访的必要条件。

缺少体育项目的专业知识，注定会使采访失败。一位体育记者曾经在采访刚刚结束比赛的郭晶晶时问道："你为什么每次比赛的时候总是前面几跳的得分低，而后面才慢慢得到高分，是不是你在一开始不太用心？"对跳水竞赛规则稍有了解的人就会知道，跳水决赛时的动作顺序是由规定到自选，难度系数会逐渐增加。面对这样的问题，郭晶晶没好气地说："请你先回去阅读一下跳水比赛的竞赛规则。"

一些专项记者常年跟随某些项目或某特定的运动队、运动员采访，他们对该运动项目的专业知识以及对受访对象的了解程度达到了很高的水平。尽管知"彼"甚多，却也不能忽视"己"，这个"己"并不是自己，而是观众。例如，央视田径专项记者冬日娜对刘翔的"著名"一问到现在还被网友津津乐道："你比赛服的号码是441。4+4+1等于9，今天你又在第9道，是不是这次9是你的幸运数字？"

事实上，这是因为信息不对等而造成的"笑话"。刘翔在平日比赛中确实比较关注自己的道次和号码，也会提及所谓的"幸运数字"。但观众并不知情，观众认为这是冬日娜在没话找话、异想天开。

（二）平等交流，以真换真

在电视体育赛后采访中，体育记者时而会面对李娜、姚明这样的体坛巨星，时而会面对默默无闻的小将和形形色色的体育工作者。面对这些知名度和成就或高或低的体育人，记者应对的态度应该随之而改变吗？答案是否定的。平等的关系是顺畅交流的关键因素，仰视或俯视都会在提问过程中使问题的内容、形式、方法产生偏差，导致采访失败。

主持人和现场访谈对象之间的关系，从外在形式上看与人际交往相似，都以直接交往为主，反馈及时，信息流动双向；从"人"的角度看，嘉宾、观众与主持人之间是平等的，他们有自己的主体意识、主体精神，都希望表达自我、实现自我价值。因此，主持人需要把媒体性质和服务宗旨外化为承认、尊重和理解对方的态度，把访谈对象看成和自己一样是有价值、有意义的主体，鼓励、引导访谈对象展示独特的人格魅力。

这段话尽管说的是主持人与访谈嘉宾，但对赛后采访依然有着启示意义。姚明曾说过："凡向我索要签名、合影的人，一般都成不了真正的朋友。"这提示我们，在面对体育明星时依然要保持一颗平常心。

而当我们面对默默无闻的运动员或尚未出成绩的小将时，更要懂得尊重和保护他们。央视田径专项记者冬日娜在男子110米栏的一系列赛后采访中，面对与刘翔相比不论在知名度还是在成绩上都有一定差距的史冬鹏，屡次提出充满质疑的问题，让不少网友在网上为史冬鹏打抱不平。如“你觉得和刘翔在同一个时代是不是很悲哀？”尽管这句话有断章取义的嫌疑，但也证明了尊重采访对象就是尊重观众这个事实。

(三)察言观色，随机应变

在很多关于采访的文章、著作中，作者都会提到要找准时机和地点去采访。如：要选择在受访者心情好的时候，去一个舒适的、适合谈话的地方等，但这种理想的采访环境在电视体育赛后是不存在的。场上的形式千变万化，输赢在瞬息之间变化，继而使得球员、教练员接受采访时的心情也难以预料。这种难以预料的特点要求体育记者在做赛后采访的时候能察言观色、随机应变——采访的时间和地点无法随意改变，场上的比赛结果更是板上钉钉，运动员心情一时间也难以稳定。在如此多不可控因素下，记者只能调整自己的提问内容、形式和方法。

1.当运动员心情极度高涨和兴奋时

当运动员被喜悦和激动的情绪所围绕时，会比在冷静或低沉的状态下更有表达欲望，对待采访也会相对配合，他们表达的内容会相对感性和情绪化，同时观众也会被这种情绪所感染。因此，在这种情况下，记者需要让受访者彻底释放这种情绪，并让这种喜悦的情绪去感染观众。在问题内容的选择上，记者应多选择情绪抒发类的问题，在形式上多用半开放式甚至全开放式的问题，让运动员或教练员尽情发挥。最好的例子是2016年里约奥运会女排夺冠后，央视记者崔佳的一段17分钟的长采访。在这段采访中，不仅受访者由于喜悦已“失去理智”，记者本人也激动万分，大量采用全开放式提问，充分地给予受访者发挥的空间。确实，在这样的情境之下，任何对于回答的限制都是多余的，观众想看的、受访者想表达的，唯有喜悦二字。喜悦表达得越到位，采访就越成功。

问：郎导，我代表全国亿万的观众先给您一个大大的拥抱吧。

（拥抱）

问：真的，此时此刻只想说感谢。（1）

（递话筒）

答：其实我觉得，应该感谢所有支持我们的人。还有……

问：我觉得中国女排，您带领的中国女排，能够在里约奥运会上，重夺这个奥运冠军，真的是了不起。（2）

（递话筒）

答：谢谢。我觉得很为姑娘们骄傲。也感谢我的这些助理们，他们都特别棒，特别辛苦。

问：我知道，其实这个赛程对我们来说真的是很困难，但您永远是把话憋在心里不说的。（3）

（递话筒）

答：啊……其实，我觉得，这个，所有的困难都是比赛的一个部分。你像我们从早上九点多的比赛……

问：我记得在小组赛完了之后您跟我说，哎呀，第一场不输荷兰就好啦。（4）

（递话筒）

答：对的，因为……

问：我觉得从淘汰赛开始，您和队员真的很好地诠释了什么叫女排的顽强拼搏精神。（5）

（递话筒）

答：呃，我觉得是这样的，因为我们就是永远不放弃。追求每一分，我今天也跟大家讲，不要去想结果。我们就认真地打好每一分，该是什么就是什么。特别是到关键的时候，要敢出手。

问：决赛又跟前两场比赛似的，您总是在挑战我们的心理啊。（6）

（递话筒）

答：呃，其实我觉得我们队员的技术还不是最好，但我们可以用我们的作风、用我们团队的相互弥补，在比赛当中能够画一个圆。

问：我在赛前，在圣保罗的时候，我问您，会不会拿金牌。很多人都质疑我，说我给你们压力，但我知道你们一定憋着这股劲儿。(7)

(递话筒)

答：呃，我觉得我们当时的目标是拿奖牌，我们也知道我们自己的差距。但是后来我还是觉得大家一点一点拼吧，最好不要去设计结果、不要去想结果。

问：最后一个问题，1981 年，您和中国女排在日本起步，有了女排精神。我不知道 2020 年的东京奥运会，您会给自己画上一个圆满的句号吗？(8)

答：我觉得不管我在还是不在，中国女排的精神需要一代一代地传下去。

问：谢谢您！(拥抱)

在面对郎平的 3 分多钟的采访中，一共有 8 次问答，但仔细看这 8 个“问题”，其实真的能称得上问题的只有问题(8)而已。前 7 个都是全开放式的简单描述，仅仅依靠“递话筒”这个动作来表示问话，这在采访中相当少见，只有在情绪到达顶点，并且遇到的是面对镜头能说会道、沉着老练的受访者时才能呈现出如此的效果。

接下来崔佳又对 12 名队员依次进行了采访。同样是在情绪的顶点，但 12 位年轻的姑娘在面对镜头说话的经验上和主教练郎平相比较有很大差距，所以崔佳大幅度减少了全开放式问题的使用频率，大量运用半开放式的问题。以他采访惠若琪为例：

(击掌)

问：漂亮！好样儿的！(一推)

答：哇……吓……好吓人呐……哈哈哈。

问：怎么吓人了？是不是觉得非常梦幻？(1)

答：对，真的是，就觉得，开始没想那么多吧，就想把过程做得更好一些，然后到最后真正拿到这块金牌的时候就真的跟做梦一样。

问：你，2015 年的时候，因伤，没有去日本世界杯，错过了冠军，这回弥补回来了吗？(2)

答：真的觉得一切都值得了……

问：作为队长，真的，非常感谢你们，很好地诠释了女排的拼搏精神。(3)

答：也非常感谢大家吧，一直对我们不离不弃。也很相信我们……

问：好样的！(击掌)

答：谢谢！

这段采访一共出现了三个问题，问题(1)是半开放式加上封闭式的一个问题，问题(2)则是半开放式的问题，只有问题(3)是全开放式的问题。在问题(1)中，“梦幻”这个词是崔佳给的，相当于给了惠若琪一定的提示，是一个“命题作文”；问题(2)则是球迷讨论的热点，也给了惠若琪以机会诉说一路走来的不易，这个提问相当出彩；问题(3)则是全开放式的问题，其中，三个关键词“队长”“感谢你们”“女排精神”若变换成半开放式的问题，分别可以是：

——你作为队长，有什么想说的吗？

——我要代表球迷和观众感谢你的努力，你有什么想对大家说的吗？

——在你的理解里女排精神是什么？

通过惠若琪的回答，我们发现她选择了第二个问题。这里体现了全开放式问题的优点，自由度大，像“话题作文”。由于回答是自由的选择，因此惠若琪的这段采访也相当发自肺腑，她在三个“半命题作文”中，挑选了自己最擅长和最想说的来创作。

当然，面对不那么能说的队员，全开放式的问题就不能奏效了，如在面对杨方旭和朱婷时：

……

问：你真的很棒，你真的很棒，你知道吗！（杨方旭）

（连续击掌）（递话筒）

答：谢谢！

……

问：哎，你知道吗？（朱婷）

答：啊？

问：我这几场看你打球，觉得，太爽！

答：谢谢啊。您这是在夸我吗？

问：当然啦。

答：呵呵。

问：是这样的，其实从奥运会来了到现在，我一直没有采访你。因为我知道，你是中国女排最主要的得分点，你身上背负了很大的压力。

朱：当然，你也知道我不太喜欢采访，所以你可能不太见我……

这几个全开放式的问题和郎平的采访问题(1)相比较，效果相差明显。因此崔佳在此后多采用半开放式和封闭式的问题。

经过统计，在长达17分钟的采访中，崔佳共提出问题58个，其中全开放式问题占到了22个，半开放式的问题有28个，封闭式的问题仅有8个。

2.当运动员心情相对平静和冷静时

一般出现这种心态的情境有两种：一种是比赛结果积极，但由于比赛对手实力有限，因此没有太大悬念；另一种是比赛结果消极，但运动员已经发挥了自己最好的水平。

在球员心情较为冷静的情况下，问题内容的选择可以放在细节解读和技战术分析上，运动员在平静的心态下更适合回答此类的问题。但在问题形式的把控上，需要看比赛结果的情况。如果比赛结果是积极的，那么问题可以更开放一些；如果比赛结果是消极的，那么问题最好相对封闭一些。来看两个例子：

（2016年里约奥运会女子乒乓球团体赛夺金后，央视记者李武军对队员和教练员进行了赛后采访）

问：你好，李晓霞，向你表示祝贺。在第一局7∶9落后的情况下，能够连得4分，这个时候有了什么样的调整？（1）

李晓霞：首先，我觉得还是要感谢一下所有的领导。包括所有在电视机前给我们女团加油的所有的观众，向他们表示一个感谢吧。另外，作为我第一个出场来讲，其实还是有一些紧张。因为第一次跟韩莹打，毕竟是在奥运会的决赛，然后我觉得今天上来以后，再加上对方有几个界外的球，擦网擦边，所以还是在准备上，对他的困难，包括对他的旋转上，吃得不是特别的透。但是我觉得我还是非常相信我打削球的能力，所以不管落后多少，我都能赢得比赛。

问：好，晓霞。刘诗雯，奥运会的决赛和其他大赛的决赛，有什么不一样的地方？（2）

刘诗雯：应该说今天上场之前还是挺紧张的，因为第一次打奥运会。其实我也没想到今天队伍能够信任我，让我打前两场单打，然后我觉得确实我们的团队一直支撑着我。然后因为有晓霞、有丁宁这样的（队员）为我保驾护航，然后今天能够为团队拿下一分，很开心。然后我也感谢所有我们在家的小伙伴们，一直跟我们训练，帮助我们训练的所有的队友吧，谢谢。

问：好，谢谢刘诗雯。丁宁，双打输掉第三局，第四局是怎么调整的？（3）

丁宁：我觉得还是后面，孔导也是跟我们说，更加坚定吧，就是不要去考虑这个。其实球路上我们还是占上风的，然后我们两个也是一直在鼓励对方吧。

问：好，谢谢。再来采访我们孔指导。我看在来到我们混合采访区的过程中，遇到了自己的好兄弟，刘国梁，（你俩）击掌相庆，两个人在交流什么？（4）

孔：没有，他只是提醒一下，刘鹏局长和蔡局长来到了现场，想和大家见一下，表示一下祝贺。我们刚才打完之后，两位领导可能还要看其他项目，所以刚才简短地交流了几句。

问：第一次以主教练的身份带队参加奥运会，怎么评价？(5)

孔：呃，应该说非常顺利。呃，也没有，应该说队员发挥得很完美。所以这次比赛应该说比世锦赛还要轻松，因为心态上，跟对方，优势比较大主要是，所以没有什么心跳、太心跳的感觉。

首先我们看问题(1)和问题(2)的对比。李晓霞在早前结束的女单决赛中不敌队友丁宁，卫冕失败，但团体金牌是意料之中的事。虽然比赛结果积极，但李晓霞心情平静甚至有些低落。她非常冷静和理智，即使记者问了一个相当具体的问题，她还是不忘先“感谢领导”，再回答问题。而刘诗雯则不同，这是她在奥运会上的首次亮相，同时又是首金，教练给了她相当大的表现空间，她显得欣喜若狂。因此记者李武军在内容的选择上采用了情绪抒发类的问题。而问题(3)的受访者丁宁，尽管已经拿到了最重要的女单金牌，但相对于几天前泪洒女单赛场的那份激动来说，是“曾经沧海难为水”。因此，她用很冷静的语气回答了一个细节解读的问题。至于问题(4)和(5)，孔令辉直接在回答时点出“没有什么太心跳的感觉”，更是印证了此前的分析。

3.当运动员心情极度低落和悲伤时

这种情况一般出现在运动员对自己场上的状态相当不满意，并且比赛成绩低于自己的期望时。这个时候运动员是不理智的，他们沉浸在失落当中，面对采访时会显得较为不配合。此时，照顾运动员的情绪是第一位的，已经过去的、让运动员产生不愉快情绪的比赛没必要反复提起，记者要避免踩到运动员的“地雷区”，引起冲突。

以李娜在澳网和法网的两次输球为例，两位记者选择了不同的采访提问方式，得到的效果也是呈现两极分化的状态。

(2013 年李娜在澳网决赛失利，第二次无缘澳网冠军，赛后她接受了

央视记者的专访)

记者：二哥(姜山)很开心。(1)

李娜：弄得我想哭！(**笑着说完这句话后，眼泪止不住地流淌，李娜在镜头前不断擦拭眼泪，一度无法说话**)

记者：你做得很好！(**记者声音同样哽咽**)(2)

李娜：其实怎么说呢，特别想赢得一个冠军，当作礼物送给姜山。但怎么说呢，其实自己真的已经尽力了。所以也没有什么……遗憾肯定会有，但自己真的已经尽力了，所以就可以原谅自己吧。

记者：你当然应该原谅自己！你已经做得很棒了今天！伤怎么样了？(3)

李娜：还好(**持续流泪，但情绪得到控制**)，洗完澡之后医生有帮我那个，包括脚腕，然后医生也有帮我检查头和颈椎，因为怕大力撞击之后颈椎会不舒服。

记者：现在感觉好些了吗？(4)

李娜：他们说明天可能会更严重一些或怎么样，现在反应还不会出来那么快。(**情绪完全得到控制**)

记者：之前没有告诉你，四个台并机直播了今天的比赛。所有人，所有人都不在乎你的输赢，他们只在乎你站在了场上。(**记者情绪略微失控，声音哽咽**)(5)

李娜：(**陷入沉思，再次落泪**)其实今天，因为我觉得，能够从低谷中再走到今天这样的舞台，是一个非常漫长的过程和经历。没有经历过的人可能体会不到辛酸或怎么样。包括自己的团队或身边的朋友，他们只知道是一段很不容易的过程，但是具体过程什么样，他们可能没有办法体会到。今天离冠军，其实只差那么一小步而已。但是从今天的比赛也可以看到很多好的一面，最起码自己的状态又恢复了。然后自己对冠军的渴望依旧是那么的执着，所以澳网虽然结束了，因为已经结束了，你改变不了什么了，所以期待后面的比赛好好打。

记者：最后一个问题(**依然在哽咽中**)，还是那句话，对这么棒的自己说点

什么吧。(6)

李娜:其实原来可能太在乎输跟赢的差别或者说怎么样,但是通过今天的比赛真的觉得只要自己在场上经历了,就是自己的英雄。

记者:不要把自己扛得那么沉,放下来,放下来。我们都为你骄傲,都觉得你很棒。(7)

李娜:其实说老实话,今天比赛虽然输了,但是,包括赛后跟卡洛斯一起,有交流过。他其实说了很多 positive 的一面,他说今天其实打得挺好的,就是在关键局的时候,她比我发挥得更好一些。他说我应该为自己感到骄傲,毕竟她是世界第一,而且她是卫冕冠军,所以对于我来说,只要自己是真的尽力了,就可以了。

记者:(今天输球)是不是坏运气导致的?(李娜在当场比赛中滑倒了两次,险些导致受伤)(8)

李娜:也不能说是坏运气吧。(李娜情绪已经释然,采访结束)

这段采访相当成功。记者看似完全放弃了一名记者的身份,完全变成了一位朋友,在问题(1)到(8)当中只有问题(8)是真正意义上与比赛相关的问题,其余 7 问都在与李娜共同分享情绪,安慰她、鼓励她、关心她,记者的情绪甚至一度比李娜还失控。但正是在记者表露出的真情和真诚之下,李娜也卸下了“盔甲”,流露出真实的情感。在温柔的关怀中,李娜不仅释放和平复了自己的情绪,更对比赛作出了多个角度的总结。记者什么都没问,但却得到了所有想得到的答案,此次采访称得上是一个经典的案例。

(四)适当引导,巧做预设

许多人诟病预设性的提问,但对于一个记者、一场采访来说,没有预设是不可能的。只是有的预设高明,不露痕迹;而有的预设低劣,甚至压根就是错的预设。当这种错误的预设出现在了采访当中,并形成了引导时,便会引起受访者的逆反心理,产生不予合作的情况。

例如，傅园慧提及“洪荒之力”的采访在2016年里约奥运会中脱颖而出。这段采访之所以能够吸引人，是因为这是运动员第一时间真实情感的迸发，是不可复制的。两个月之后的游泳世界杯北京站赛后，有一位记者认为只要询问相同的问题，傅园慧就会开始搞怪耍宝，语出惊人，但恰恰事与愿违。

（记者报成绩）

傅：挺好了，挺好了，这已经是我最好的成绩了。

记者：啊，您今天使出什么力量了？(1)

傅：全力啊。

记者：全力啊。洪荒之力你用了吗？(2)

傅：洪荒之力……就别提了吧……这个，这个已经，被用滥了都。只是随口一说，当时。

记者：你觉得自己表现怎么样啊？满意吗？(3)

傅：可以吧。因为我从来也没有游过这个项目，所以全都是，相比以前的话我在长池游过50次，然后就是，现在短池如果再换算成长池的成绩的话，已经进步了很多了。所以我那么久没有训练还涨成绩了，哈哈。

记者：你今天转身做得不太好吧？(4)

傅：转身我就一直都不会转，所以短池从来都游不快。

首先，记者隐晦地在问题(1)中提示傅园慧“使了什么力”，期待傅园慧说出“洪荒之力”或类似的金句，但傅园慧并不配合。此后记者不依不饶，干脆直接在问题(2)中由自己提出，但这种说法一经提出就遭到傅园慧的反驳。记者的第一轮引导彻底失败，转而在问题(3)中问“你满意吗”这个在奥运会红极一时的经典问题。但很可惜，这次傅园慧并不处在得知自己获得了比预料中好的成绩的情境之下，因此不可能也不愿意重演“经典”。显而易见，这位记者的采访预设是彻底失败的。所以，预设和引导本身没什么不对，区别只在于用心和不用心的预设、高级或低劣的引导。那么正确的做法是什么呢？其实很简单，虽然运动员是公众人物，在接受采访时是对着镜头、对着观众说话，但要让他们说出心里话，就必须站在平等、尊重和关心的位置。在问问题之前，可以先问问自己：如果他是我的朋友，我会这么问他吗？

参考文献

叶子，赵淑萍.电视采访学[M].北京：北京师范大学出版社，2000.

刘春蕾.广播电视节目采访艺术[M].开封：河南大学出版社，2012.

代树兰.电视访谈会话研究[M].北京：中国社会科学出版社，2009.

雷蔚真，朱羽君.电视采访学[M].2 版.北京：中国人民大学出版社，2010.

加里森.体育新闻报道[M].郝勤，译.北京：华夏出版社，2002.

郝勤.体育新闻学[M].北京：高等教育出版社，2004.

毕雪梅，贾静.体育新闻学概论[M].北京：北京体育大学出版社，2007.

吴郁.提问：主持人必备之功[M].北京：中国广播电视出版社，2008.

熊征宇.电视访谈节目主持人传播能力解析[M].北京：中国广播影视出版社，2015.

刘运同.会话分析概要[M].上海：学林出版社，2007.

夏禹.中国电视体育报道现场采访研究[D].北京：北京体育大学，2009.

梅茨勒.创造性的采访[M].北京：中国人民大学出版社，2010.

阎小娴.采访体育明星的“忌讳”与“诀窍”——从姚明的四句话看记者的情商[J].新闻记者，2007(2).

李兢兢，李文.电视体育记者直播采访应处理好的关系——以里约奥运会央视直播为例[J].当代电视，2016(11).

毕一鸣.广播电视语境和适应性语体[J].新闻知识，2004(7).

张健.体育采访的深度与技巧[J].体育文化导刊，2008(8).

刘彬.电视体育现场采访口语失范现象研究[J].科教文汇，2010(6).

靳歌.采访体育新闻最佳心理环境试析[J].当代传播，1989(1).

叶志明.从印象不佳到心存戒备——体育被采访者心理状态调查[J].新闻记者，2006(11).

（作者单位：上海电视台五星体育频道）

【诵读研究】

跨文化视域下中华传统诗词的有声语言传播策略

吴　胜

中华传统文化中的诗词，在国家对外传播中占有重要地位，符合十九大报告中指出的“具有中国特色社会主义文化”的鲜明特征。通过有声语言的传播，其更能彰显中华文化的内涵与价值。不论是在弘扬中国传统文化进程中，还是在“一带一路”倡议中，都具有举足轻重的文化符号意义。然而，近年来在传统诗词有声语言传播，特别是对外传播中，中华传统诗词的跨文化属性时常被传播者忽视，由此产生了朗读传播障碍，进而导致传播效果欠佳。

一、中华传统诗词具有鲜明的跨文化属性

以爱德华·霍尔（Edward T. Hall）为代表的西方学者建立了“跨文化传播学”，提出拥有不同文化感知和符号系统的主体之间的交流足以改变交流事件，并认为文化与传播具有同构性；后来的学者将传播看作是开放、互动、沟通、理解的文化创造仪式（James W.Carey），并系统地研究了文化传播中的传播要素和文化要素（Michael H.Prosser），将空间和时间纳入了跨文化传播研究的范畴（Eric M.Kramer）。

中国的跨文化研究者主要认为跨文化研究需要超越传统，文化宽容、促进交往是文化对外传播的主要原则，求同存异、平等对话是跨文化传播的主流，如单波认为跨文化传播需要超越将他者文化当作知识理解与兴趣满足的局限，并提出了文化冲突中的文化适应和传播策略问题。

中华传统诗词的有声语言表达，不论从时空表现还是从文化传承上看，都具有鲜明的跨文化属性。

（一）文本内容的跨文化性

不论是从时间、空间上来讲，还是从古代汉语、现代汉语的文法结构来看，抑或是从不同民族的文字语言表达习惯来说，中华传统诗词的文本具有鲜明的本民族文化属性。

（二）朗读者有声语言表达的跨文化性

朗读者自身的时代差异会造成话语样式的跨文化性。如国内部分古代音韵学学者认为，唐宋诗词分别是以陕西方言、河南方言朗读的。朗读者对内容解读的跨文化性，使得诗词内容的表达更加多样化。

（三）语境的跨文化性

文化活动与生产生活密不可分，而古诗词产生时的语境和今天的朗读语境有天壤之别。今天的媒体传播语境具有后现代性、多元化、碎片化、高速化等特点，使传统诗词容易淹没在信息海洋中。

（四）受众的跨文化性

本国青少年对中华文化的理解本身存在一定的跨文化性，这种差异在不同民族和年龄之间被放大。陕西师范大学播音系教师何明家在参加国务院侨办的“中华文化大乐园”演出中有相当一部分内容引用了中国古典诗词。虽然观众主要是美籍华人二代和部分外国听众，但观众反应的热情度并不理想；节目内容中虽然有外籍演员朗读中国诗词，但却没有中国演员用外语朗诵中国诗歌和外国诗歌。

二、当前传统诗词语言表达在跨文化传播中的困境

（一）中华传统诗词文本转换的难度较大

我们熟知的《我愿意是急流》《船长啊我的船长》《海燕》以及小说《麻雀》等优秀文学作品有多少被欧美人士传颂？从汉语到少数民族语言再到外语（例如英语），其间的翻译工程量巨大，翻译工作流程烦琐。

（二）朗读者的文本表达存在困难

不同播讲者的不同文本阐释，使传统诗词有声语言的表述出现歧义，继而产生隔阂、障碍。仅以汉语的方言表述为例，方言代表不同的文化符号与体系，具有鲜明的跨文化特征；而陕西地区的吟诵表达、粤方言和客家话表达，更在言语表达的样式上呈现出不同的路径和文化特色，以普通话为统一口径来表达传统诗词，在朗读上具有一定的困难。

（三）网络文化语境干扰传统诗词传播

具有后现代特点的表达样式以及碎片化内容，对传统诗词的顺利传播形成了一定的阻碍。中华传统诗词讲求意境美、韵律美、格调美，需要品读、咀嚼。这和当前网络文化中以追求荒诞速成、简单直白、反传统、短时、快感为核心的后现代表达大相径庭。同时，碎片化也打破了传统诗歌要求的和谐美。

（四）受众的水平参差不齐，必然产生传播障碍

以中国学生为例，酷爱传统诗词歌赋的 90 后属于极少数。另外，在陕西师范大学播音专业申请的西部特色国家级创新示范试验区中，陆续有来自西藏民族学院的藏族学生、内蒙古师范大学蒙古族的学生、青海师范大学的回族学生作为交换

生学习。这些同学在表达教学中可以用本民族语言声情并茂地朗诵新闻文稿，但却无法用本民族语言表达中国古典诗词。

三、跨文化视野下传统诗歌朗诵的言语传播策略

(一)利用科技与文字研究成果，加速文本跨文化转化

无论是谷歌翻译还是百度翻译，均无法精准地翻译古代诗歌，可见机器翻译和转化仍然存在弊端。这种弊端尤其体现在中国古诗汉译英中，无法表现出诗歌内容的核心意境。我们可以看到，有部分中国经典名著已经被翻译成外文，例如四大名著，但罕有唐诗宋词元曲被翻译为英文。有些作品即便可以被翻译，用到英语中时也面目全非。这说明，文本的跨文化转化需要科技工作者和文化工作者的共同努力。

(二)提升朗读者个人素养，鼓励双语、多语种、多样化的朗读表达

可以尝试在不同地域、不同高校举办方言朗诵活动以丰富跨文化表达样式。还可以在播音主持专业学生中选择双语播音员，培养出能够进行跨文化语言文化传播的优秀人才。积极举办外国诗歌朗诵、运用外语朗诵中国传统诗词的翻译作品也不失为一种好方法。因此，“齐越节”可以尝试设立古诗文朗诵奖、外语朗诵奖、方言朗诵奖等。尽管奖项设置的初期存在评价体系差异化、评委资源短缺等问题，但是一旦“齐越节”确立了这样的标杆，必然会发挥其引领作用，带动、推进中华传统诗词的跨文化传播。

(三)营造传统诗词表达语境，注重新媒体手段的使用

目前舞台表达当中多媒体 LED 尽管已经大量使用，但是新媒体却较少涉及跨文化的传统诗词内容。未来可以借助科技手段进一步开发移动终端，以“为你读诗”等 App 为参考对象，配合传统诗词文化的服饰、音乐、人物形态等视听手段，营造传统诗歌表达意境，开发中文诗歌的双语朗读。部分网站，如“Exchanging Conversation”在关注口语训练的同时，也可以开发诗歌朗读的功能。

（四）借鉴西方演讲协会经验，开设各种传统诗词社团

通过高校朗诵社团，让古典诗词朗读走进社区、走进不同民族、不同种族的文化生活中。口语传播研究发现，美国演讲协会的各地分会会定期（每周一次或每月两次）举办演讲沙龙，协会成员会像影视作品中展现的那样围成一圈互相谈心、谈感想。国内朗诵协会可以借鉴这一经验，让高校里的朗诵协会和汇报演出走出校园，走进不同人群以提升传统中华诗词的影响力，消除目前古典诗歌朗诵曲高和寡的困境。

（五）古诗文传承，也要从孩子抓起

2016年起，全国各中小学陆续改版教材。新教材中加入了大量的古典诗歌散文内容，以增加国学基础在中小学教学中的比重。这对于中华传统诗词的有声语言传播无疑具有重要意义，不过，这其中还应当加强推广有声语言的诵读。前文中已经提到，时空的原因促使现代人在理解传统诗词时存在差异，但如果从中小学就开始注重对孩子进行传统诗词的熏陶，孩子对中华传统诗词的内容和表达就不会出现文化断层的现象，进而导致传播障碍。我们的近邻日本，给小学生单独开设了一门名为"汉诗"的课程，其教学内容就是中国的全唐诗，课程还要求学生会用汉语诵读。日本人对汉文化的重视值得我们反思。

结　语

文化是带有民族标识的核心精神财富，有声语言不论在显性、隐性还是技术层面，都具有鲜明的文化印记。中华传统诗词借助有声语言表达，在跨文化传播中彰显中华民族精神与智慧方面更显示出其举足轻重的地位。因此，各级媒体、高校、社会团体等组织应该积极发挥自身优势，利用多种传播方式来表达、朗诵中华传统诗词，同时充分考虑跨文化因素，从而达到事半功倍的传播效果。

（作者单位：陕西师范大学新闻与传播学院）

诵读艺术的创作路径和文化内涵

——以方明的诵读创作为例

刘　卓

当前,数字媒体通过多渠道向用户提供信息的传播形态已经成为全媒体时代的标志性特征,打破了以往诵读现场的共时性和通过广播电视媒体传播的定时性。作为"口耳之学"的诵读不再受时空的限制,走向了更为广阔的空间。新科技不但为诵读提供了多元化的渲染手段,使诵读能借助图、文 声、光、电等多种表现手段来立体地展示传播内容,进而增强感染力,同时还提供了多渠道的开放传播平台,使专业和业余的诵读者都可分享自己的诵读创作,这是科技发展带给我们的惊喜。网络的快捷和便利使诵读作品产量大大增多,但是在一定程度上也使其整体水平有所下降。仅仅停留在自发的、即兴水准的诵读作品很多,而经得住考验和推敲的佳作却越来越少,创作者的审美取向和审美格调也参差不齐。因此,在融媒体时代,诵读艺术的创作路径和文化内涵显得格外重要。

一、以传统文化为创作底蕴

语言文字是人类智慧和文明的结晶,在历史的长河中记录着人类的发展。诵读艺术能够在语言文字的基础上进一步推进优秀传统文化的发展和繁荣,促进民族文化的认同和传承。诵读不仅是一种语言表达,其背后更蕴含着深厚的文化内涵。诵读艺术水准的高下，在某种意义上不完全体现在吐字发声和表达技巧上，而在于创作者是否具有深厚的文化底蕴，是否能通过诵读技巧将这种文化的气质和风采展现出来。

在融媒体时代，诵读承载着弘扬中华优秀传统文化的重任。它不仅可以作为一种教育手段，还可以在全社会营造传诵中华经典、弘扬中华优秀传统文化的氛围。因此，诵读者必须以优秀传统文化为创作底蕴，有效地发挥传播者和引领者的作用。

诵读是对文字作品的传播。在对文字作品进行二度创作时，创作者需要恰切地将情、声、气结合，使作品中的内容和精神实质通过动听的有声语言准确、鲜明、生动地传达给听众，使其在了解作品的同时也能从中受到感染和启发，得到美的享受。因此，诵读者要吸收民族精华，古为今用，注意选择能够体现传统文化之美、宣扬传统文化精神的佳作。从理解文字作品的角度看，创作者需要考虑到如何益于听众的理解和把握，如何突出作品的重点和难点，如何吸引听众、启发听众，将文字作品本身的内容和形式进行全局性构思，进而为形象生动、引人入胜的表达做好准备。

以我国著名的朗诵艺术家方明的诵读作品《岳阳楼记》为例，方明特别注意整体把握，在表达创作中不仅注意语言的音韵美，还十分注意语言的逻辑美。在起篇第一段的表达中，方明与其他朗诵者最大的不同之处在于，他在诵读时注意运用吟诵中的平仄关系，例如“庆历（仄声）四年（平声）～春（平声）～，滕子京（平声）～谪守（仄声）巴陵（平声）～郡（仄声）”。他把平声拉长，令仄声短促，使得简短的背景介绍变得跌宕起伏，味道醇厚。对于每句话中的具体形象，他都会运用想象的手法，结合具体感受把握语言的意境。例如“予观夫巴陵胜状，在洞庭一湖”的“湖”字，对比前面的表达，音高变低，音长加长，音强减弱，音色转润，使得湖景立现眼前，处理得活灵活现。此外，他通过说理的逻辑把文章分段，并就此逻辑链条掌握文章的语言特点，在朗诵中追求形象性的同时，更给人以理性的启迪，表达的意境中有景、有情，更有思考的凝重。针对第三和第四这两个自然段的对比，方明用大幅度起落开合的表达将一阴一晴、一悲一喜两相对照，配合时而低沉、时而澎湃的内在情感的涌动，给人以波澜壮阔、腾挪跌宕的语感冲击。

方明的表达之所以具有感染力，很大程度上取决于他深厚的文化底蕴。方明自幼喜爱读书，对于古文的理解更是深入、透彻。早在主持《阅读与欣赏》节目期间，他就专门学习了古文的韵脚和平仄的运用，精心钻研了很多古文的写作背景及其精神实质，将自己的传统文化内蕴有机地融化到作品诵读创作之中。方明对《岳阳楼记》的平仄起伏处理得字字入耳，重音也颇为考究。例如在“不以物喜，不以己悲”中，对“不”字的重音处理使得原文表达态度十分鲜明，切中题旨，表现了作者旷达的胸襟；在“先天下之忧而忧，后天下之乐而乐”这句话中，方明着重突出“先”与“后”的对比，字字千钧的力度感折射出范仲淹宏大的政治抱负和理想。方明深厚的语言功底把语言的轻重缓急、虚实强弱、长短高低等元素都贴切地运用到了诵读创作之中，汉语错落有致的美感也随之得以展现。所谓“错落”，就是表达要有变化；所谓“有致”，就是表达要有规则、合乎情理。方明的语言表达是运动变化的，同时又是符合逻辑规范的，因而会自然而然地呈现出汉语的韵律美，其丰富的表现力和感染力必然会给听者留下难以忘怀的印象。

二、以传播经典体现时代精神

经典作品是一代代炎黄子孙辛勤耕耘的智慧结晶，是中华民族得以繁衍生息的精神根基。无论是古代经典，还是现当代经典，从《诗经》《楚辞》到唐诗宋词；从四大名著到现代文学史上的篇篇力作；从“金风玉露一相逢，便胜却人间无数”到“为了免除下一辈的苦难，我愿把这牢底坐穿”；远至孔子的“天下大同”理想，近至习近平总书记提出的“中国梦”，都贯穿着民族之魂不朽的力量，折射出传承千年的价值观，可以照亮东方文化的精神世界。诵读是时代的艺术，有声语言既要体现文字作品的主旨，也要体现诵读环境下的时代精神。当下举国致力实现的“中国梦”，归根到底是实现国家富强、民族振兴、人民幸福，是实现中华民族的伟大复兴。新时代的诵读不但要传播古代经典作品，同时也应该紧密联系当下的时代背景，传播新人、新事、新思想和新风尚，围绕“中国梦”的主题传播经典，体现时代精神。经典诵读不仅带我们走近了唐宋名篇，还在新的时代背景下向全世界传播了《论语》《道德经》等中华经典，将中华优秀传统文化推向全球。

文字作品是历史和时代的产物，具有历史背景和写作背景。诵读者需在了解和掌握历史背景与写作背景的前提下，结合自身的诵读经验，联系所处的时代和环境进行创作。时代不同要求也不同，不同时代的政治经济形势、人们的实践活动、社会思潮、价值观念、审美追求，这些因素对诵读风格和特点的形成都会产生强烈的影响。这种影响，不仅体现在同一时期里不同诵读者的相同之处，还体现在不同时期里同一诵读者的不同之处。

回首方明 50 余年的播音创作历程，从新中国和平建设时期开始，历经“文革”、改革开放、新世纪，跨越了半个多世纪的历史长河。他的诵读，继承了齐越、夏青等老一辈播音艺术家之长，结合了不同的时代背景，在创作经验的基础上加以充实、丰富、创新和发展，充分展现出了汉语之美。人们可以通过欣赏他的诵读艺术作品与先贤智者对话，从而感悟到范仲淹“先天下之忧而忧，后天下之乐而乐”的情怀、铁人王进喜的顽强与执着、农民科学家吴吉昌的不畏辛劳、张子祥的无私奉献、孔繁森的敬业爱民……方明以他极富魅力的声音在听众的脑海里留下一个又一个时代形象，传递着一代又一代的时代精神。从 20 世纪 60 年代在天安门城楼上的转播到今天代表中国参加在巴黎联合国教科文总部的演出，作为“新中国成立 60 年广播电视系统最具影响力的 60 人”之一，方明一直在通过诵读经典来传播中国文化精神。从他身上，我们可以强烈地感受到一种经过长年累月的发展和积累而沉淀下来的既奔腾激越又委婉细腻，既洒脱飘逸又沉郁顿挫的诵读语言表达样态。他一直在用声音记录着历史，通过传播经典奏响每一个时代的最强音。

三、以真诚质朴体现艺术境界

道家有云：“返璞归真。”可见，朴与真乃是本源。同样，真诚与质朴也是艺术创作的高级境界。诵读要达到这一境界，创作者就必须追问内心，流露真实情感，摒除过度修饰和矫揉造作。

回顾历届齐越朗诵艺术节暨全国大学生朗诵大会，从全国近百所高校的几百部作品中脱颖而出，一举摘得最高奖项“齐越奖”的作品恰恰都得益于其对“返朴归真”精神的把握。当前，在诵读中借助强烈的声、光、电以及服饰、道具、视频等元素的配合，虽然很容易渲染舞台气氛、刺激视觉观感、增强舞台感染力，但也很容易喧宾夺主，使诵读者热衷于角色扮演，从而削弱了对语言功力本身的锤炼，分散了对表达内容本身的关注，这是一种应当引起我们重视的不良现象。

诵读艺术创作和其他门类的艺术创作一样，对于技术、技巧的掌握是通往更高水准的必由之路，熟而生巧，至巧而拙，大巧不工，终达化境。但大多数人都停留在对技巧的执着之中，有口无心，难以更进一步。这个问题的实质在于过于强调技术、技巧而忽略了技术、技巧与内容本身的融合。高水平的诵读是内容与形式的有机结合，它不是一个见字读音的直觉过程，而是一个用复杂的心理、生理变化来驾驭语言的过程，它涉及文字、视觉、思维、情感、气息、声音等各方面因素的相互联结和融合，在联结、融合中强调技巧。但是，诵读不主张“技巧至上”，并反对任何纯粹的形式主义表达。形式作为一种手段，只能服务于一定的内容和思想感情。过于强调形式必然会弄巧成拙，只有将内容和形式恰到好处地结合在一起，才能达到好的传播效果，才会实现诵读的真正价值，到达诵读艺术的高级境界。

以方明的诵读作品《对衰老的回答》为例。方明在其古稀之年，将这首深沉厚重、充满人生况味的哲理诗处理得恰到好处。表达中既有促膝交谈的亲切，也有直抒胸臆的畅快，真诚中可体味感悟，朴素中可蕴含哲理。这种真实、质朴的风格使任何灯光、配乐等辅助元素都显得画蛇添足。“大凡为文，当使气象峥嵘，五色绚烂，渐老渐熟，乃造平淡。”苏轼所描述的从形式手法的丰赡华美回归到思想内容的自然流露的文学心境历程，也正是我们所应该追求的诵读境界。

中国拥有五千年的文明史，是一个文化大国，博大精深、源远流长的中华文化具有强大的凝聚力和隽永的魅力。目前全世界拥有几千个孔子课堂，全球兴起了学习中华文化和汉语的热潮，可见中华文化的魅力。珍视本民族文化，是一个国家屹立千年的基石，而诵读经典对造就文化价值观、形成深层文化认同可以起到十分重要的促进作用。因此，在融媒体时代，把握诵读艺术的创作路径和文化内涵，对传承中华文明、弘扬中华优秀传统文化、激发爱国情怀都具有十分重要的意义。依托语言文字的诵读创作应该选取正确的创作路径，即以传统文化为创作底蕴，以传播经典体现时代精神，以真诚质朴体现艺术境界，从而承载和弘扬中华民族的优秀传统文化，引领大家不断回望历史，感悟文化；远离浅薄，走向厚重；远离潦草，走向精致。

（作者单位：中国传媒大学播音主持艺术学院）

浅析移动互联网时代下的集体诵读文化活动

张 帅 马 欣

从社会学观念来看，活动这一概念，根据参与主体的人数多少与范围大小可分为小群体活动、社区活动和大规模的社会组织活动等。这样看来，诵读活动既是发生在单人间的个体行为，如一人日常的读书、念信；也可以是规模居中的人际传播行为，如小型诵读交流会；更是一方发起、多方参与的广泛性组织，如齐越朗诵艺术节暨全国大学生朗诵大会。集体诵读文化活动是一种以“合诵”为表现形式的节目形态，亦可代表在泛传播和融媒体背景下大众参与的诵读行为。本文重点从后者集体参与的角度出发，浅析集体诵读文化活动在移动互联网时代下的新兴价值、方式特点及推广策略。

一、集体诵读文化活动的新兴价值

(一)增进趣缘群体的审美认同

社会语言学中的言语社区理论认为，生活在一定地域、具有特定的文化背景和相似的生活方式的社区成员拥有一定的共同语言。同理，假如我们不以地域作为标准，而是从对某一事、某一物的兴趣乃至处世哲学和人生观念的契合来划分，就形成了普遍意义上的“趣缘群体”，如在微信中随处可见的“有声语言交流群”“朗诵爱好者群”等。凡此种种，在不断差异化的现代社会中，均可视为以诵读为认知主题的趣缘群体,他们在不同的情境时空中基于互联网相互结交,常常使用诵读语体交流,讨论诵读观念与流派,评价并赏析诵读作品。

假使以弗洛伊德的人格理论来分析趣缘群体的心理走向,居于本我地位的一定是深层次的人性范畴,即追求快乐原则。如果将这一原则应用于实际生活中,诵读群体成员何时会感受到快乐与满足呢?毫无疑问,是受到群体普遍认可之时,例如自己发在微博上的诵读作品被众人点赞且纷纷转发成为热门时,诵读者必定得到了情感上的满足,这也就揭示出他们加入集体的重要的心理动因——渴望认同与共鸣。

人从来都是社会性动物,期待认可也一直是人的社会化特征之一。但在互联网革命之前,诵读活动大多是线下进行,只因科技发展,诵读活动在网络趣缘群体中的审美认同这一功能才得以被发掘,并成为他们相聚、相伴的重要缘由之一。

例如在互联网上有一定影响力的诵读交流平台"为你诵读"App,其用户量不断增长,三年内从小范围传播到如今拥有全球活跃用户 1.2 亿,每天在线活跃用户达 800 万左右,人均在线时长为 18 分钟,人均生成作品 12 篇。用户们能够通过持续不断的交流成为网友甚至现实中的朋友,不得不说是移动互联网给予了让诵读者们通过诵读彼此认同,从而满足心理需求的机会。

(二) 促进诵读知识的教育平等

全国人大代表俞敏洪曾在"两会"上建议,要利用互联网让城市的优质教育资源走向农村,通过互联网技术均衡城乡教育资源。这一理念落实到诵读领域也同样如此。移动互联网极大地拓展了原本不具备优秀诵读教育资源的学习者的"关系网络",以前从未学习过"内三外四"的学习者,现在可以通过微博问答同业界前辈交流,逐步深化对于诵读的理解与认知,网络正在填补优劣教育资源之间的鸿沟。

传播学家拉扎斯菲尔德曾提出,作为媒介信息影响大众的中继和过滤环节,意见领袖对大众传播效果产生了重要的影响。实际上,多方意见领袖相继介入网络,会使得知识普及愈加便利、教育层次愈加平等,北京大学教授薛兆丰在"得到"上的专栏《薛兆丰的北大经济学课》便是最好的例证。该专栏的宣传语为"不是每个人都能上北大,但每个人都有机会学到北大最精英的课程"。如果说在过去,北大对很多人来讲是一个遥远的理想,如今其核心课程唾手可得,正是互联网时代下教育资源逐渐公平的显著表现。

如今,教育格局被不断细分,在集体诵读文化活动中常常有意见领袖的参与,而诵读活动中"沉默的大多数"在看到了意见领袖的存在后才更有欲望发声。例如,全国几百所院校相继开设了播音与主持艺术专业,其中"文艺作品演播"是必修课程,学生们需要接受专业的诵读教育。但在校内资源不一定能完全满足学生需求的情况下,除线下的短期培训之外,线上求知便是学生最好的选择。除此之外,许多一线从业人员以及其他社会人士也时常通过网络来完成诵读的日常练习,他们或是在各个音频客户端中倾情朗诵,或是参加普通话线上训练营,诸如此类,不一而足。

从语言表达的美感教育到诵读文本的内容教育,诵读活动越来越体现出平民化的趋势,带给受众收获的背后实际是教育平等理念的践行。

二、集体诵读文化活动的新兴特点

提起集体诵读活动,人们脑海中的第一印象或许仍是多人聚在一起的朗诵会。时至今日,异地同时的网络共同诵读悄然兴盛,成为诵读大军中的一员,同地同时与异地同时这两种诵读活动随着互联网的多样性而呈现出了种种特质,其所具有的便捷性、碎片化、大众化等特征实则与互联网下的多类事物特征相一致,在此不赘述,仅就两点特色展开探讨。

(一)审美法则的多元化

美学家苏珊·朗格认为:艺术本性与形式关系密切,艺术本身就是人类情感的符号形式的创造。在诵读文化活动中,我们从两方面解析这一哲理:一是诵读在艺术本性与形式方面的体现,比如绘画的直观性与文学的想象性完全不同。诵读活动既是直观的艺术，也是想象的艺术，其直观在于声音的形式表达，而想象在于对文本的阐释和抒发；二是形式作为诵读表达的媒介和外壳，终归要表达艺术本身。无疑，诵读要表达的应是作品的思想与情感，即爱恨、别离、永恒等。

无论是从艺术形式出发，还是从分析艺术本性出发，都无法摆脱对艺术的评价。有学者认为，艺术评论是艺术创作的最后一个环节，此言不虚，因为批评与创作本就相融相生。在价值取向多元化的今天，专业化虽然仍然是诵读活动评价中的重要法则，但不一定是唯一的法则。余秀华曾在《鲁豫有约》中朗读了一首她的作品《在田野上打柴火》，对于身患脑瘫、口齿不清的她来说，人们虽然无法用发声自如、归音到位等标准来衡量她，但能感受到生命在历经苦难之后的个性涌动。诗人海桑曾和主持人董卿同台合颂《写给女儿的诗》，论语音面貌和处理技巧，二人相距甚远，但海桑的真情实意让这首诗感人至深。

以上现象的出现，归根到底是移动互联网给了常人发声的机会。“人人都有麦克风”，其表达的不仅是诵读本身，更是有关诵读的评论，多种声音凝聚在一起，便是多种评价体系的交织与碰撞。

（二）线上线下的弥合性

时代发展到了今天，互联网已是人们生活中不可或缺的媒介工具。无论是前期宣传还是后期互动，如今的文化活动策划早已离不开网络的运营。但要真正实现在线信息与活动本体的有效弥合，不仅需要线上资源在线下的充分运用，还需要线下活动提升线上活动的知名度与美誉度。

例如，重庆大学播音与主持艺术专业的 6 名本科生立足于专业特长成立了“寻声志愿者协会”。在线上，他们定期制作音频作品并赠予广大听众，还举办了“寻声杯”朗读比赛；在线下，他们将这些声音刻成光盘并送至山区，温暖了千余名留守儿童；同时他们还在重庆设立了 30 余个“寻声朗读亭”，不仅邀请到了敬一丹、赵普、徐涛等知名诵读人士参与录制，也为广大市民提供了圆梦朗读的机会——该活动还反哺线上平台，将好声音经由公众号推送，进一步扩大诵读活动的影响力。

在集体诵读文化活动中，线上不是线下的辅助手段，线下也不是线上实体情境的补充，二者实则是你中有我、我中有你的传播格局：线上参与线下，线下宣传线上，集体诵读文化活动结合互联网的传播优势，使线上诵读活动与线下诵读活动逐步地合二为一。

三、集体诵读文化活动的推广策略

从集体诵读文化活动本体的新兴价值与方式特点出发，结合当下的互联网语境，笔者对诵读活动的推广与创新提出如下几点思考。

(一)打造名人引领效应，重视人文性

互联网时代容易造就“明星”，具有一定知名度的人会被称为“网红”。从现象级电视节目《朗读者》中，我们可以得出名人是如何影响活动的一系列结论。倘若举一反三，我们能否将这样的成功案例运用于集体诵读活动中呢？笔者以为这种想法具备一定的可行性。值得注意的是，不同于早先赛事邀请知名人士参与评委工作，诵读活动需要有一位或多位活动大使始终出现在活动中，一以贯之地带动和传播活动信息，深度融合于活动团队当中，而非仅仅担任代言等如此简单的宣传工作。只有这样，“名人效应”才可凸显。

此外，活动要本着“以人为本”的原则，可以是大体的安排协调，也可以是活动进行中细枝末节的调整，还可以是主题拟定或宣传文案的体现。有效弥合文化与人的距离，传播方式才能贴近心灵。

(二)契合链式传播特点，注重互动性

在网络社区传播过程中，多个传播节点及其传播间的相互连接形成了一种无限扩散的链式结构，即链式传播。从口碑信息传播基本链来看，个体用户构成了传播中的基础链，进而引发了传播者和再传播者的活动。毫无疑问，集体诵读活动中的主办方是此结构中的第一个体用户，活动不能仅仅依靠用户的自然转发，而是要求主办方主动适应互联网传播特点。这样做一是为了避免鱼龙混杂的信息造成受

众误读误判，二是出于活动自身宣传的需要。

此外，互动是现代用户体验的重要组成部分。诵读文化活动虽不必迎合部分商业活动的营利心态而变得媚俗，但也要追求更高的进阶思维来使其模式愈加成熟。

（三）使诵读活动常态化，引领创新性

《朗读者》节目形式为季播，但朗读亭常在；《见字如面》第一季已完结，但微信小程序"与你见字如面"却一度引发热议，直至如今依然有人在用。诵读活动要体现诵读之美，而这种美不仅在赛时，亦在平时。例如节目制作者开发相关 App，结合各地特色来举办当地活动，都是值得尝试的途径。2017 年中国传媒大学播音主持艺术学院在发布第十九届齐越节（齐越朗诵艺术节暨全国大学生朗诵大会）复选名单的同时，亦公布官方微信公众号的正式上线，这些都是互联网思维的体现。

此外，在互联网时代，并不是所有的推广方案都能顺利进行，没有人能预料到下一个成功的活动案例会是什么样，因此集思广益，积极谋划，是活动组织者应有的心态。

结　语

从"齐越节"到"夏青杯"，从初选到总决赛，在当今集体诵读活动的发展中虽然看到了参与人数增多、覆盖范围广泛等可喜形势，但以长远的发展眼光来看待集体诵读文化活动，我们不禁又提出了新的问题：在媒体剧变的改革浪潮中，除去平台优势和品牌影响力外，应当如何更为紧密地拥抱互联网，使诵读活动焕发出新的生机，从而持续地感染人、强力地吸引人呢？这是值得每一位诵读文化活动组织者思考的时代命题。

与此同时，我们也应当坚持，无论形式怎样喧嚣热闹，诵读文化活动最可贵的地方莫过于其中暗含的人类共同的精神世界和艺术境界。无论何时何地，判断活动推广和创新成效如何，都应该看它的传播内容是否优化，传播价值是否具有情感

意义和美学追求，看它是否与人们心灵相通，激起了相当程度的情感共鸣。集体诵读文化活动既要在落实执行时发挥智慧、群策群力，也应当在理念追求中不忘初心、始终如一。

参考文献

郭洪新，刘振生.社会活动即将成为传媒发展的新增长点[J].现代传播，2005(3).

罗自文.网络趣缘群体的基本特征与传播模式研究——基于6个典型网络趣缘群体的实证分析[J].新闻与传播研究，2013(4).

刘志明，刘鲁.微博网络舆情中的意见领袖识别及分析[J].系统工程，2011(6).

陈雨曦.从经典诵读活动看大学生对传统文化的缺失及其对策[J].科技信息，2010(4).

王志德.文化整体观下的艺术哲学——苏珊·朗格美学思想新探[J].东南大学学报，2012(11).

魏武挥.博客：一种链式传播的行销媒介[J].新闻记者，2007(7).

（作者单位：重庆大学美视电影学院）

朗读:文化研究视域下的现代声音书写

米斯茹

2017年2月18日至5月6日,由著名主持人董卿制作、主持的大型语言类节目《朗读者》在中央电视台一套和三套播出,该节目一共有"遇见、陪伴、选择、礼物"等共12期,节目播出至今获得无数好评。2017年10月8日,特别节目《朗读亭里的故事》在央视播出,一篇篇朗读文本展示了一个个普通人的悲欢离合。我们欣喜地看到,在主要依靠视觉的图像传播时代,以声音传播和听觉接收为主的朗读类节目在线上和线下都受到了较大关注。在节目的助推下,朗读这一行为逐渐受到普通人的重视,成为媒介文化"听觉转向"的一个表征。

本文试图在听觉文化视域下探究"口耳之学"——朗读在现代都市生活中扮演的角色及其与媒介社会的互动关系。

一、口耳之间:听觉文化研究的两个维度

我们正生活在视觉文化雄霸天下的时代。在电子时代来临之后,影像席卷世界,势不可当,眼睛似乎成为人类唯一的感觉器官,人们常说的所谓"有图有真相",即指图像是对确定性的把握。海德格尔甚至断言:"世界被把握为图像"[①],"现代

① 海德格尔.世界图像的时代[M]//孙周兴,译.海德格尔选集:下.上海:上海三联书店,1996:899.

的基本进程乃是对作为图像的世界的征服过程”[①]。在现代性框架下，“景观社会”“读图时代”“拟像”等概念被反复提及，国际美学协会前主席阿列西·艾尔雅维奇在《图像时代》一书中谈到，视觉文化在最近几十年成为文化的主要形式，并认为这一现象值得反思；沃尔夫冈·韦尔施在《重构美学》中提出，视觉霸权正在让人类趋向灾难；哈贝马斯、利奥塔、波兹曼等学者也持相似的观点，即“我们自身都已处于‘视觉成为现实主导形式’的‘图像社会’之中，对视觉文化的反思与评判，是当代文化研究一个迫在眉睫的核心命题”[②]。

麦克卢汉很早就意识到了听觉文化的重要性，他认为人类社会的演进可分为“部落时代”“脱部落时代”和“重新部落时代”，这三个时代分别对应着口语、印刷和电子媒介时代。“在重新部落时代，人们经历的最大变革是从眼睛到耳朵的过渡，即声觉空间的回归。”[③]2009年，一场名为“对倾听的思考——人文学科的听觉转向”的学术研讨会在美国德州大学奥斯汀分校举行。会议认为，“人类已经沦为视觉盛宴上的饕餮之徒而沉溺其中，人文科学应当从中抽身而出，倡导‘安静的倾听’”[④]。

在此背景下，国内外一批有识之士开始呼吁重视听觉文化，以恢复“视听平衡”的媒介文化环境。“凡有生命存在的地方，就必定产生声幅震动。一旦出现震动，相对就会有声音的存在”[⑤]，而在图像时代，强势的视觉文化严重占据了听觉文化应有的空间，视觉和听觉的平衡被打破，听觉成为为视觉锦上添花的辅助式存在。对此，从法兰克福学派的本雅明、阿多诺，到媒介学派的麦克卢汉、莱文森、波兹曼等，都在著述中强调听觉文化的重要作用。在国内，越来越多的人文社科领域的专家、学者也在为“听觉文化转向”摇旗呐喊。如傅修延团队的“听觉叙事”研究，王敦、陈定家等学者的“现代性声音文化”研究等，都在致力于恢复听觉文化应有的地位。

目前，对听觉文化的研究多集中在现代都市与乡村变迁中的钟声、雨声、水声

① 海德格尔.世界图像的时代[M]//孙周兴，译.海德格尔选集：下.上海：上海三联书店，1996：900.

② 陈定家.从“视觉转向”到“听觉转向”——兼评重建视听平衡的中国叙事学[J].江西师范大学学报，2017(3).

③ 韩志方.麦克卢汉的听觉与视觉空间理论探究[J].青年记者，2008(23).

④ 陆涛，孔竹栩.舆论形成中的视觉隐喻与听觉隐喻——关于杜威与李普曼一段学术争论史的再考察[J].现代传播，2017(4).

⑤ 李志铭.单声道：城市的声音与记忆[M].台北：联经出版事业股份有限公司，2013：16.

等环境声，城市文明推动下的噪声，伴随着媒介技术发展而诞生的留声机、高音喇叭等器物，文化工业浪潮中的音乐等人工音声以及它们与社会、政治、文化的关系等议题，而对经由人体肉嗓的言说及其与社会、文化发展的关系却少有关注。

在笔者看来，文化研究框架下的“听觉文化”可以分为“聆察”和“声音书写”两方面，涉及人体的口和耳两个器官(见图 1)。

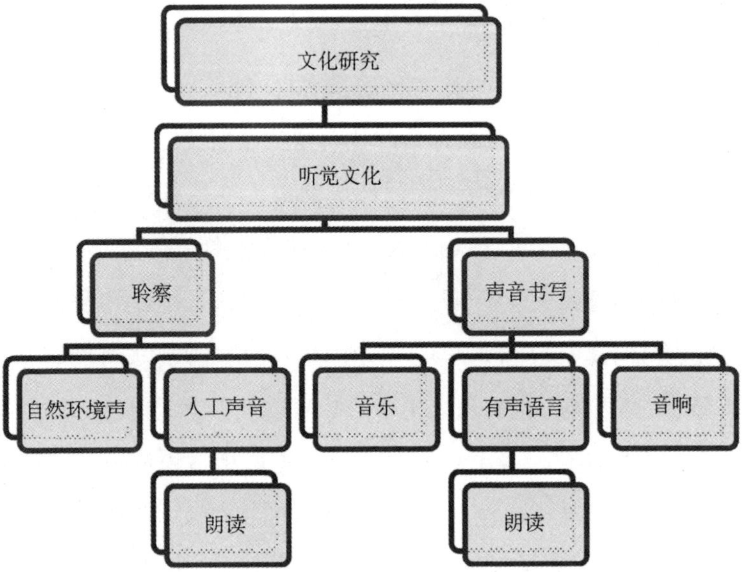

图 1

(一)聆察

与耳朵有关的听觉文化叫“聆察”。这一概念最早由梅尔巴·卡迪-基恩在一篇名为《现代主义音景与智性聆听：听觉感知的叙事研究》的论文中提及：“新的声音技术、现代城市的声音，以及对听觉感知的兴趣，共同构成了对听觉主体的新的叙事描写的背景。但是要理解叙事的新的听觉，我们需要一种适当的分析语言。我曾经提议用听诊、听诊化和听诊器等术语，并行于现存的聚焦、聚焦化和聚焦器术语。”[①] 傅修延先生建议将斜体字的英文原文“*I proposed the terms*

① 费伦，拉比诺维茨.当代叙事理论指南[M].申丹，等译.北京：北京大学出版社，2007：445-446.

auscultation, *auscultize*, *and auscultator to parallel the existing terminology of focalization*, *focalize*, *and focalizer*”翻译为“我曾经提议用‘聆察(名词)、聆察(动词)和聆察者’等术语,以并行于现存的观察、观看和观察者”①。有了这个研究声音叙事的有力工具后,耳朵在文化研究领域的作用大大增强,自然界和人类社会中的“环境声”和“人工音声”都被纳入考察的范畴,那些由听觉产生的感知以及被听觉激发的审美想象创造了丰富的美感。

朗读属于人工音声,其表现形式可以包括广播电视等传统媒介平台播放的语言类节目,各大新媒体网站和微信、微博账号中推送的朗读作品,“书店”“舞台”“广场”等公共空间中普通人的音声表达等,对这些声音书写文本的接收即属于聆察的范畴。“今天也许很多人已忘记,‘audience’(受众)最原始的词义是‘倾听’,特指听的状态。”②在视觉元素充斥眼球的时代,用耳朵聆听和欣赏的音景已不多见,但好在近年来,随着移动互联网的发展,声音书写产品再度受到关注,如《见字如面》《朗读者》等大型语言文化类节目在传统媒体以及新媒体平台中受到了较大关注,给众声喧哗的娱乐霸屏时代带来了一股清流。那些原本通过眼睛“阅读”的文本通过创作者声音的二度书写后,经由耳朵的“聆察”与欣赏者的情感共振,激发出文字无法传递的“灵韵”。由朗读建构的声音重新成为媒介声音景观中的重要一隅,并受到越来越多的关注和喜爱。

(二)声音书写

“在人类有了语言之后,使用语言的人们一开始是很重视有声语言的发出及其产生效果的,于是,喉头和声带发达起来,语音丰富起来,词汇增加起来,并认识到‘言为心声’‘诗言志’。”③令人遗憾的是,作为社会听觉文化的重要组成部分,有声语言一直未被人文社会科学领域的学者重视,“重文轻语”的现象到现在也未得到本质改变。“漫漫中国历史上,关于有声语言的记载凤毛麟角;书面语言,即文字语言的文献资料却浩如烟海。而伴随着文字语言诞生的朗读,从来都是备受冷落的

---

① 傅修延.中国叙事学[M].北京:北京大学出版社,2015:245.

② 迪金森.受众研究读本[M].单波,译.北京:华夏出版社,2006:16.

③ 张颂.朗读美学[M].2版.北京:中国传媒大学出版社,2010:17.

附属品，既不能登大雅之堂，又不能传之后世。因为，在人们的思想中，‘写’才是学问，‘读’不过是照本宣科，没有自己的思想，没有自己的感情，‘传声筒’而已，何‘学’之有？这恐怕是轻视有声语言，更轻视朗读的社会根源和文化根源吧！”①

而在西方，从古希腊开始就有重视口耳之学的传统。在亚里士多德看来，与口腔相伴的有声言说是一种对心灵体验的显示。德国学者尧斯认为存在着“一种回到奥古斯丁的传统，这个传统宁可要耳朵作为较高的器官，因为耳朵立即达到顿悟，因为信仰也依赖于被听到的东西”②，“在看和发声这两个不可兼得的东西中，发声是最早发展起来的媒介……发声是有机体存在的深层经验的天然符号”③。这种声音的书写诞生于麦克卢汉的文化模式三阶段——“口传文化—印刷文化—电子文化”的第一阶段：口传文化的部落化阶段，声音的书写借助录制和播放技术得以复兴。

与中央电视台《朗读者》节目同时推出的城市可移动录音棚——“朗读亭”是人类重新“部落化”时期有关声音书写的有益尝试。北京国家图书馆门口是第一个“朗读亭”的放置点，之后“朗读亭”陆续在北京前门大街、五道口等人流密集处摆放，引来大量关注。许多人手持喜爱的文本闻讯而至，希望“借文传情”，一度出现为录制几分钟而排长队等待数小时的盛景。阅读本是私密而无声的行为，通过声音，将隐秘的文本在都市公共空间的特定场域中记录下来，是声音书写一次全新的尝试。“‘朗读亭’内部有两个 GoPro 摄像机以及一套完整的录音设备，朗读者只需对着圆形的麦克风念出自己准备的内容；亭子外面的制作人员可以遥控‘雾化’设备，将亭子玻璃调整成毛玻璃状态，使朗读者在亭内不受干扰地释放情绪、忘我朗读。”④技术手段的使用，使录制者的声音不再是附着在文本之外的附加文本，而成为富含情感的超文本。录制结束后，经节目组挑选，普通朗读者摄录的副语言和有声语言有机会在中央电视台《朗读者》节目的正片以及特别节目中播出。

① 张颂.朗读美学[M].2 版.北京：中国传媒大学出版社，2010：18.
② 尧斯.审美经验论[M].朱立元，译.北京：作家出版社，1992：193.
③ 怀特海.思维方式[M].刘放桐，译.北京：商务印书馆，2004：30.
④ MURRAY S R.The tuning of the world[J].Human Ecology，1979.

二、"朗读亭":现代都市的声音景观

电子时代来临后,声音和空间实现分离和重组,声音的效果与源头分离,有声的表达不再仅仅是面对面的传递信息。声音的储存和点播技术使聆听者可以在任何时候感受到由朗读的声音所唤起的情感,并能打破时空的限制,产生"天涯若比邻"的情感共鸣。现代声音书写的场域可分为有形和无形两类:有形场域如电视台节目演播室、央视《朗读者》节目设置的"朗读亭";无形场域则是由声波和互联网串联起来,经时空脱域后的听觉场域。

(一)"音景"概念的提出

在社会文化发展进程中,听觉书写的主体不应仅仅是戏剧名角、歌唱明星以及广播电视等媒体的播音员和主持人,普通人的声音也应该被更多人聆听和欣赏,他们的情感也需要表达空间。这一空间应该是由声音在都市空间里建构的特殊场域——声音景观。"音景"这一概念的首创者是音乐家 R.M.沙弗尔(又译谢弗)。他是第一个用社会文化的视角来分析声响经验的人,提出了"人和其环境里声音的关系是怎样的?当这些声音改变了又会怎样"①等命题。R.M.沙弗尔的声音研究从"声音本体研究"中跳脱出来,在更广阔的时间和空间中对声音研究进行考量,对恢复听觉文化起到了建设性作用。

在有关都市声音空间的论述中,艾米丽·汤普森提到 1900 年的波士顿交响乐厅和 1932 年的纽约无线电音乐厅。波士顿交响乐厅"是世界上第一个按照现代科学原理而建造的听觉空间,表示了现代声学的起飞"②。其首演是对古典音乐的致敬,开创了听觉新纪元;而纽约无线电音乐厅的落成则标志着现代化声音的诞生。

(二)都市街头的声觉空间

麦克卢汉认为,从事媒介研究的意义是为了探寻文学在新环境中以一种全新

① http://www.sohu.com/a/139439540407294.

② 汤普森.声音、现代性和历史[J].王敦,张舒然,译.文学与文化,2016(2).

的方式研究空间问题，他基于经验类比形成两个隐喻概念："声觉空间"与"视觉空间"，代表两种截然不同的感觉关系。视觉意味着洞见、理性和证据，世界犹如边沁的"圆形监狱"，被中央监视塔中的眼睛"观看"并监视着；而"聆察"在麦克卢汉看来则没有特定维度，是始终处于流动状态的动态空间。听觉的这种动态属性"可以将时间整合到一种空间结构中，从而使得过去的静态时空对立模式转变为一种动态的时空转换模式"①。都市街头伫立的"朗读亭"即是一种在视觉"监视"下流动的声觉空间，是私语言说空间与情感传播的桥梁。它的实体属于当下，而里面流淌的声音则来自另一些时空。"朗读亭"外形古朴，呈深褐色，高约 3 米，面积为 2.5 平方米，看上去像一个放大版的电话亭，亭子上方分别印刻有中文"朗读亭"及英文"Reading Pavilion"的字样。据央视播出的《朗读亭里的故事》(特别节目)介绍，"朗读亭"先后放置在北京、上海、广州、杭州、武汉、西安、台北等城市，共有 3 万多名朗读者在亭中用声音演绎人生的悲欢离合。

2017 年 9 月下旬，在北京展览馆举办的"'砥砺奋进的五年'大型成就展"的第四展区"坚定文化自信，创造中华文化新辉煌"中，"朗读亭"亮相于互动体验区，从街头音景变为文化展品，成为连接普通百姓与国家管理层的听觉文化纽带。

三、朗读者：言说的身体媒介

朗读行为是传播主体运用人体的各个发音器官，用口腔以及口腔后面的肉嗓书写出声音形象。约翰·费斯克将媒介分为三类：展示性媒介、再现性媒介和机械性媒介。展示性媒介"要求传播者在场，因为他或她就是媒介"②。朗读者即属于展示性媒介，这种媒介通过肉嗓发出的有声语言以及表情、手势等副语言进行传播，身体即为媒介。需要注意的是，这里的"身体"并不仅仅指生理学、解剖学意义上的肉身，更多的是指社会身体、政治身体和消费身体。

① 高惠芳.论麦克卢汉的声觉空间与视觉空间——对麦克卢汉媒介思想的一种新理解[J].国际新闻界，2016(4).

② 费斯克.传播研究导论：过程与符号[M].2 版.许静，译.北京：北京大学出版社，2008：15.

(一)作为媒介的身体

在西方哲学传统中,“身体”和“意识”是对立的范畴。柏拉图认为身体是到达真理理念的障碍,经院哲学家奥古斯丁则认为欲望的身体无法通达上帝之城,笛卡尔主义更是排斥人类主体情感,主张工具理性。因此,“身体”被长期搁置和漠视。直到20世纪,莫里斯·梅洛-庞蒂在《知觉现象学》中提出“我在”先于“我思”的现象学存在主义转向,身体维度的重要性才被凸显出来。美国当代著名实用主义哲学家、美学家舒斯特曼也积极倡导恢复美学、哲学的身体维度,他认为审美的主体应该是身体而不是“意识”——“为身体进行长期的祛魅及世俗化贯穿了整个西方历史:身体的价值曾在于其颠覆性价值,它是意识形态最尖锐、矛盾的策源地。”① 朗读主要依靠言语进行传播,“言语活动首先是一种身体运行,整个身体产生出发声、运思以及与之相伴随的身体内外活动,并使这一活动与相涉的人与物产生一种紧密的关联与互动”②。而在有关身体的文化研究论述中,关注点大多集中在“身体”与“观看”这一对范畴中,如“凝视、权力、规训”等,仿佛身体只有形象而无音声。这种强势的视觉类型学被刻写进了现代文化认知中,导致身体的听觉维度少有人提及。

(二)作为身体媒介的朗读者

“‘媒介’在拉丁文里有‘公共’的含义。印刷术发明之前不存在读者群,那时候的人也许总体上把读书人看成是一种散播的‘通货’——是那种意义上的‘媒介’。”③也就是说,在口语传播时代,人的身体即是传播媒介。到了印刷时代,文字和图像代替了身体。而在新媒体环境中,身体成为拟态交往的载体,其作为媒介的意义被再次凸显出来。

麦克卢汉认为:“一种媒介使用另一种媒介时,使用者就成为它的‘内容’。汽

---

① 鲍德里亚.消费社会[M].刘成富,全志钢,译.南京:南京大学出版社,2008:128.
② 梅洛-庞蒂.知觉现象学[M].姜志辉,译.北京:商务印书馆,2005:114,237.
③ 麦克卢汉.麦克卢汉精粹[M].何道宽,译.南京:南京大学出版社,2000:320.

车装在火车上运输时，汽车是在使用铁路，于是它就成为铁路的‘内容’。”[①]在重回部落化时代，《见字如面》《朗读者》等语言类节目的传播主体通过有声语言和副语言的身体呈现，成为电视等传播媒介的“内容”，朗读者的身体成为言说的媒介，而受众在有形和无形的“声景”中把朗读者二度创作的有声语言内化为一种看待世界的方式。

结　语

目前，学界有关“朗读”的研究多集中在普通话“语音、词汇、语法”的规范、用气发声的科学性、播音创作的内外部技巧、传播主体的素养、朗读的文化传承等微观和中观层面。按《说文解字》的释义，朗，明也；读，诵书也，诵读即大声、顺畅地用声音进行书写。笔者认为，朗读原本“是一种有意识、有目的的有声语言表达活动”[②]。它不应只是“播音与主持艺术”“表演”等专业的师生以及媒体语言工作者关注和使用的艺术表达方式，而更应该被纳入听觉文化的范畴，加入“聆察”“音景”等研究视角，从微观、中观的研究范围拓宽到社会文化的宏观维度。

在笔者看来，中央电视台《朗读者》节目特别创意设置的“朗读亭”可视为是现代都市的声觉空间，它为朗读的时空传播提供了新的场域，因此值得推广。此外，在对“朗读”这一音声行为进行考察时，本文加入了朗读主体的“身体”维度。因为信息传递、情感表达乃至精神信仰层面的认同都需要身体作为载体，言说的身体是传情、达意、言志、聆察、共鸣的物质基础和媒介。这一媒介在普通百姓的日常生活中以及在从视觉文化到听觉文化的转向中发挥着重要作用。

需要强调的是，朗读不应被视为是视觉的附加文本，也不应被看作是辅助文字阅读的一种锦上添花，朗读这一听觉文化形式应该有其独立的地位。“朗读者不是被动地摹写、复制文字语言，而是主动地加工、改造文字语言。不但由可视变为可听，而且由平面变为立体，特别是由文字作品的作者话语变成了既有作者又有朗读

---

① 麦克卢汉.麦克卢汉精粹[M].何道宽，译.南京：南京大学出版社，2000：320.

② 张颂.朗读美学[M].2 版.北京：中国传媒大学出版社，2010：19.

者的双重复合话语。”[①]这种复合话语是声音书写主体在文字的基础上进行有声语言的二度创作,它的蓬勃兴起可以“反哺”全民阅读,对建设文化强国和传承民族文化起到不可替代的作用。

(作者单位:四川师范大学影视与传媒学院)

---

① 张颂.朗读美学[M].2 版.北京:中国传媒大学出版社,2001:22.

《木兰辞》朗诵艺术人物塑造探析

裴　蕾

《木兰辞》是一首被传诵千年的民间长篇叙事诗，人们对它的解读可谓“前人之述备矣”。这首长诗叙事跌宕起伏，抒情收放自如，修辞手段多样，而且通俗易懂，朗朗上口，读起来打动人心。正因如此，在中国传媒大学主办的以“雅言诵经典，真情咏中华”为主题的第十八届齐越朗诵艺术节暨全国大学生朗诵大会上，很多同学都选了《木兰辞》参赛。基于这首诗良好的群众基础，选手想要脱颖而出显得有些困难。那么，我们应当如何把握这首诗呢？

首先要明确，这首富有韵律的诗歌里有较鲜明的人物形象，描绘了一个立体的“人”。不光小说、戏剧、散文当中有对人的描写，诗歌当中同样也有。“文学题材的划分，也应以‘人’这个文学作品的主要描写对象来划分。人都有自己的个人命运，而个人的命运又总是由于人与人的关系及人与人关系的变动，即社会生活的总变化相联系的。考察人，人的命运，人的命运变化的原因，不同的人命运的交错、搏击、相依、消长……这是文学眼光的聚焦所在。”[①]如果说韵律是诗歌的“镣铐”，那么抓住“花木兰”这个艺术形象，就是抓住了有声语言创作的焦点。只有当我们围绕这个焦点，按照人物命运的线索进行演绎，将花木兰这个“人”的形象逐渐立起来，不至于被诗歌本身的韵律所束缚时，才算找对了路子。

---

① 刘心武文存 37：创作谈卷：斜坡文谈[M].南京：江苏人民出版社，2012：336.

其次，这是一首叙事诗，人物的“命运”与发生在其生命中的一系列事件密不可分，这些事件一步步影响着人物形象的形成。与小说人物创作中需要思考的问题类似，有声语言创作也要思考诗歌中的焦点人物“究竟有着怎样的命运？他独特的命运对于他独特的性格、气质、观念、感情的形成究竟起着怎样的作用？这作用与社会环境变迁的作用怎样交融？从他身上所迸发出来的灵魂的火花，能够给予我们怎样的启迪？……仿佛在摄影时找到了最恰当的光圈、焦距、速度和构图”[①]，这些思考都要尽可能地准确、合理，既要把构成花木兰命运的一系列事件交代清楚，还要透过事件感受到人物命运的变化，并把花木兰经由这些事件所可能体验到的思想和情感表达出来，要进一步挖掘并展现这些事件对她性情、气质和观念等造成的影响，有根有据地逐步塑造一个鲜活的、独特的、相对完整的“花木兰”，引发观众的认同和共鸣。

这一过程中要特别强调，诗歌文本中的层层叙事是有声语言创作的主要依据，有声语言创作不能脱离诗歌文本凭空预设人物特质。这首叙事诗叫作《木兰辞》，主要人物花木兰绝不是形象模糊不清、可被随意套用的其他任何人。花木兰是个经典的艺术形象，她并非是一个固定的“样板”：一出生就是战士胚子，一出场就满怀深仇大恨，一出手就令敌人闻风丧胆，自始至终无所畏惧，人物形象高、大、全。这种没有根据的想象必定使人物形象显得单薄、粗陋，缺少经得起推敲的人性根基，其他任何类似“模式化”的人物设定也会带来同样的问题。既然我们无法根据诗歌直接断定花木兰天生就坚毅果敢、不畏困苦，就不妨把她当作一个具有这类性格潜质的、有血有肉的普通女孩来解读。基于原诗内容，从具体叙事入手，结合相关文史知识和人性所共有的一些基本特点，对人物命运的发展变化尽可能地进行合情合理的分析，切实找到每句诗的情感落脚处和发力点，将它们作为有声语言创作的心理依据。

最后，朗诵是时间的艺术，事情的来龙去脉、人物的思想感情和性情气质的发展变化等，都应当循着诗句本身的线索，按照事件发生的顺序一步步地进行，避免被某种想当然的情绪所笼罩，盲目追求情感的强度和脱离实际的“感染力”。在保

---

① 刘心武文存37：创作谈卷：斜坡文谈[M].南京：江苏人民出版社，2012：350.

持全文基调准确的前提下，对于只是事先通过阅读“已知”“熟知”但“当前”文本并未交代之事，仍要留作“未知”。只有在遇到它们时，才应适时地化作新鲜、生动的有声语言表达出来，让人得以透过“当前”的事件感受到“当前”的这个花木兰，看到她面对“当前”事件可能会产生的反应和变化。只有这样，人物性格发展变化的线索才会更加准确清晰，叙事、抒情和形象塑造才可能因着一步步地铺垫而更加自然、可信，前后对比也会更加鲜明且顺理成章。

下面我们站在有声语言创作主体的角度，依照内容将这首诗分为 12 个层次，即观看、剥离、成长、诀别、腾飞、熬炼、战争、荣耀、热望、回归（包括“社会”与“个人”层面）和升华，对这首长诗进行逐句分析和解读，并为每个层次概括感受性的朗诵提示语，尽可能为塑造和呈现花木兰这一艺术形象提供一些有价值的参考。至于每句诗究竟应当以怎样的声音形式去表达，比如语气重音、停连顿挫或情声气总体状态上的把握，本文并不提供直接的建议。因为在具体的有声语言创作实践中，同一种思想感情由不同的人去表达，可能会在程度和方式上存在较大差异，特别是对细节的处理，差别可能会更大；同一个人朗诵多次也不可能都一样，因为每个人心中都有自己所理解的“花木兰”。这部分的留白其实正是朗诵创作的自由与乐趣之所在，同时也为朗诵者留下了在实践中不断探索与追求的空间。

木兰辞

唧唧复唧唧，木兰当户织。不闻机杼声，惟闻女叹息。问女何所思，问女何所忆。女亦无所思，女亦无所忆。昨夜见军帖，可汗大点兵，军书十二卷，卷卷有爷名。阿爷无大儿，木兰无长兄，愿为市鞍马，从此替爷征。

东市买骏马，西市买鞍鞯，南市买辔头，北市买长鞭。旦辞爷娘去，暮宿黄河边，不闻爷娘唤女声，但闻黄河流水鸣溅溅。旦辞黄河去，暮至黑山头，不闻爷娘唤女声，但闻燕山胡骑鸣啾啾。

万里赴戎机，关山度若飞。朔气传金柝，寒光照铁衣。将军百战死，壮士十年归。

归来见天子，天子坐明堂。策勋十二转，赏赐百千强。可汗问所欲，木兰不用尚书郎，愿驰千里足，送儿还故乡。

爷娘闻女来，出郭相扶将；阿姊闻妹来，当户理红妆；小弟闻姊来，磨刀霍霍向猪羊。开我东阁门，坐我西阁床。脱我战时袍，著我旧时裳。当窗理云鬓，对镜贴花黄。出门看火伴，火伴皆惊忙：同行十二年，不知木兰是女郎。

雄兔脚扑朔，雌兔眼迷离；双兔傍地走，安能辨我是雄雌？

一、由远及近地观看：推出焦点，疑窦渐生

“唧唧复唧唧，木兰当户织。不闻机杼声，惟闻女叹息。”诗的开头，以旁观者的视角向读者展开一幅静谧的田园画：一位少女坐在自家农舍前，心事重重地操着机杼织布，织织停停，时不时悠悠地叹着气。

前两句是“看”，好似一幅全景画面，由远及近，将人带到女主角的身边；后两句是“听”，织布而“不闻机杼声”，这女孩必定动作迟缓，心猿意马，让人不免疑惑：她究竟为何这般连连叹息？这样以旁观者的视角进行叙述，可以使语言更具动感和引导性，使表达更有张力。

这几句诗的“底色”应当是悠远、安静的。因为此诗以第三者的视角展开叙事，所以此时花木兰内心的焦虑对于旁观者来说仍是未知的。花木兰在这几句描述中类似于远景当中的一个“焦点”，这个焦点从宁静的底色中突显出来，引起了旁观者的注意，但旁人只观察到花木兰必定是有心事的，至于究竟为何却看不出来。正因如此，接下来的“问”才会更加真实和迫切。

二、由内而外地剥离：恍惚无定，一语唤醒

“问女何所思，问女何所忆。”承接上一句疑惑的情绪，诗歌提出疑问。若是一

位少妇或中年女子边织布边叹息，恐怕不大会引起特别的注意，毕竟那样的女子，不知有多少大大小小的家务事要由她操劳，生出些怨叹也是自然的。诗中虽未交代木兰芳龄几何，但从《乐府诗集》里的《十五从军征》等相关文史常识以及民间关于花木兰的传说可知，她应该不过十五六岁的年纪。花木兰正值无忧无虑的青春妙龄，却如此忧心忡忡，确实让人觉得有些不同寻常，越发令人疑惑。

“女亦无所思，女亦无所忆。”这句诗将讲述者的提问转到花木兰的回答。这一句看似多余，既然木兰“无所思”“无所忆”，又何必非要写出来呢？按照后面的诗句，木兰其实是有所思、有所忆的，且所思所忆的还是件家里的大事，那为何这里却偏偏说她什么也没想呢？花木兰在说这两句话时，究竟是一种什么样的心情？

应该说，这两句看似前后矛盾的诗，首先在一定程度上反映了花木兰在面对她这个年龄本不应面对的抉择时所产生的茫然的心理状态。这个年龄的女儿家，“所思”“所忆”的应是这个年龄段的事情，而花木兰却面临着父亲年迈还要被征召入伍、家中又无成年男性可代父出征的家庭变故。人在遭受突如其来的打击的一瞬间，往往会因震惊而难以做出反应，这时的花木兰应是被牢牢地困在这种令她茫然不知所措的境地。小小年纪，却身不由已地陷入只有成年人才会思考的问题里，忧愁又焦虑。那种情形仿佛一个小女孩忽然被抛入一个阴森森、危机四伏、荒无人烟的陌生环境中，呼救无门、难以脱身，所以只能独自发呆、暗暗思忖，恍惚间想为自己做个决定，却又不敢继续往下想。她在回答“女亦无所思，女亦无所忆”的当口，恐怕正处于这样一种惶惑无措的情态之中。

其次，茫然却又因旁人的问话而不得不去思考，回答之时，她其实已经与年少的自己“剥离”。花木兰所遭遇的家庭变故，使她无法还像一个小女孩那样去考虑其他事情，不知不觉间，她已经“剥离”了自己。旁人的问话是外力对她的“唤醒”，“醒来”之后，十五六岁的花木兰失去了十五六岁时“所思”“所忆”的权利，她是在回答：“我不是在想我自己的事情，我已经不是我自己了。”

“心术既形，英华乃瞻”[①]。弄懂了此时花木兰可能会有的心理状态，我们就会发现，实际上，就在昨天夜里看到军帖的那一刻，她就已经开始了与自己痛苦的剥离。

---

① 龙必锟.文心雕龙全译[M].贵阳：贵州人民出版社，1992：389.

三、一夜之间的成长：揪心决定，快板放松

“昨夜见军帖，可汗大点兵，军书十二卷，卷卷有爷名。”不难想象，当花木兰手捧军帖时，上面的字迹是如此的触目惊心。潘多拉手里的盒子装满了各式各样数不清的灾难，而花木兰手中的军帖仅一个带着无上权柄的呼召，就宣告了这个家庭大难临头。震惊、惶恐和焦虑，使她几乎把心都紧紧攥在了手里。

“阿爷无大儿，木兰无长兄，愿为市鞍马，从此替爷征。”花木兰的揪心不是毫无道理的，当她茫然无措地抬起头来，念及年迈的老父、幼小的弟弟和日夜跟随母亲操持家务的长姐时，不由得缓慢而坚定地做出了一个决定：“愿为市鞍马，从此替爷征”！这个决定如同一束光，照亮了花木兰。这是发自她内心深处的光，将她从黑暗和死荫之地拯救出来。她的心瞬间从无助当中复原，一种前所未有的力量充满了她，驱使她立即着手进行出发前的准备。

“东市买骏马，西市买鞍鞯，南市买辔头，北市买长鞭。”决心和行动是促使一个人成长、变化的内在动因。这个时候，木兰的心态开始放开。再大的难处，人一旦有了应对方法并且付诸行动，心态就会放松。这一连串行动可以看作是花木兰从一个不谙世事的少女向一个战士转变的第一步；紧凑又富有韵律的排比句，恰如乐曲中的“快板”，暗合了花木兰心灵成长的节奏。她从女孩子熟悉的纺车迅速转向陌生的战马，一样样摸索，一样样购置，同时也在一步步地做着心理准备。时间虽然仓促，但对于已经下定决心的花木兰来说已经足够，到最后一个词“长鞭”时，她从里到外都做好了充分准备，可以骑上骏马，踏上新的人生征途了。

四、与家人和自己的诀别：哀哭凭吊，转身担当

“旦辞爷娘去，暮宿黄河边，不闻爷娘唤女声，但闻黄河流水鸣溅溅。”不难想象，从木兰下决心“从此替爷征”开始，到“东市买骏马”等一系列行动，直到“旦辞爷娘去，暮宿黄河边”，木兰是在突如其来的重压之下，以超乎寻常的速度成长的，每

踏出一步都立刻获得比先前更强大的力量;同时也可想见,在这一过程中,她根本就无暇顾及内心深处那个小女孩的真实感受。

实际上,决心归决心,一旦真的迈出去,面对活生生的现实,任何人的内心多少都会心孤情惧,难免“气寒而事伤”①,更不必说木兰这样不谙世事甚至鲜少出远门的少女了。即便花木兰平时再怎样开朗,再怎么像个“假小子”“女汉子”,沙场的无情、命运的生死难料、血脉离别之痛都让花木兰感到了锥心刻骨的疼痛。“不闻爷娘唤女声,但闻黄河流水鸣溅溅”,身处无人之境,亲人不复眼前,面对无语的滔滔黄河和一条非比寻常的未识之途,之前一直绷紧神经、忙于准备的花木兰,此刻才真切体会到无边的孤独、恐惧和悲伤。此时此刻,她终于有机会面对自己,敞开心灵,凭吊这不得不远离的烂漫年华。在她心里,这是一场后会无期的告别——跟家乡,跟亲人,也跟自己……这就使木兰不得不从行动到内心都彻彻底底地“放下”。

所以,“旦辞爷娘去,暮宿黄河边”这句诗所描写的就不仅仅是日常意义上的离别之悲伤了。木兰离别的悲伤,既不似“白云一片去悠悠,青枫浦上不胜愁”②中思妇的惆怅,也不似“泪湿罗衣脂粉满,四叠阳关,唱到千千遍”③的姊妹惜别之情,更不是那种浅薄、无来由、哭天抢地的伤心。木兰的悲伤虽是一种尚未经过世故磨砺的悲伤,但无论是俯身诀别还是起身面对,都隐含着一种内心深处的大气和担当,以及独属于少女的那种单纯。这种悲伤才是单单属于“初长成”就要担负起拯救家庭重任的那个“花木兰”的辞别。

而“不闻爷娘唤女声,但闻黄河流水鸣溅溅”这两句,也就不仅仅是借景抒发离别之情了,更表现了一种来自灵魂深处“难以割舍”的苦痛。一方面,这种苦痛是与亲人的生离死别;另一方面,也可视作是花木兰被迫与作为“女儿”的自我身份的告别(抑或是诀别)。这样,她内心所经历的离别便成了双倍的煎熬,这种心灵的苦难,恐怕只有后来曹雪芹笔下的贾探春能够体会一二:“一帆风雨路三千,把骨肉家园齐来抛闪。恐哭损残年,告爹娘,休把儿悬念。自古穷通皆有定,离合岂无缘?从今分两地,各自保平安。奴去也,莫牵连。”

---

① 龙必锟.文心雕龙全译[M].贵阳:贵州人民出版社,1992:483.

② 张若虚.春江花月夜.

③ 李清照.蝶恋花·泪湿罗衣脂粉满.

“旦辞黄河去，暮至黑山头，不闻爷娘唤女声，但闻燕山胡骑鸣啾啾。”这几句并非是对前面句式的简单套用。正所谓“情以物迁”，而“物貌难尽，故重沓舒状”[①]，写景抒情，皆是如此，越是品味，越觉言有尽而意无穷。这句诗既是写花木兰山一程、水一程，一步步接近目的地时的陌生景象，同时也是写她逐渐脱离内心深处那个念家的小女孩，转而面对新环境的过程：从家乡转至黑山头，从爹娘转向行伍，平日熟悉的机杼声也变成了胡人战马的啾啾嘶鸣……面对这可见、可闻、几可触摸并将投身其中的新现实，花木兰终于不得不断然将她的苦、她的痛，以及她的女儿心统统丢弃净尽，轻装以待，开始以男儿的眼光和战士的身份审视周遭的一切，完成她人生中第一次大的转身。

这几句诗看似平淡无奇，实则却是“按部整伍，以待情会，因时顺机”，无论是对展现环境的转变还是对花木兰的内心变化都起到了承上启下的作用。正所谓“机入其巧，则义味腾跃而生，辞气丛杂而至”[②]，就在这黑山脚下，当花木兰转身眺望，寻索远处的啾啾胡骑之时，她已经转向了连她自己也想象不到的一种崭新的生活。

五、从地到天的腾飞：宏阔舒展，坚毅有力

“万里赴戎机，关山度若飞。”如拔毛断喙的鹰将重获新生的传说一般，经历了内心蜕变的花木兰，随浩浩荡荡的大军奔赴战场，开始了她新生命中的第一次奋力助跑和腾飞。“万里寒光生积雪，三边曙色动危旌”[③]，这时她的所见所闻、亲身经历，已不再囿于房前屋后、田间瓦舍那方寸之地，渐渐迸发出“当户织”的那个自己所未曾拥有的力量。“大鹏一日同风起，扶摇直上九万里”[④]，这是她第一次在现实中挣脱“本我”，潜在生命初步获得了释放，全情投入到火热的征程之中。至此，花木兰在新的现实中登上了她身为女儿时所不曾想象的高度，此时，她的视野和经历已经开始了完全的、彻底的更新。

---

① 龙必锟.文心雕龙全译[M].贵阳：贵州人民出版社，1992：557.
② 龙必锟.文心雕龙全译[M].贵阳：贵州人民出版社，1992：524.
③ 祖咏.望蓟门.
④ 李白.上李邕.

这种更新是视野和气魄的更新。如同我们第一次从《指环王》和《纳尼亚传奇》电影中所看到的神兵天降、两军对垒的奇幻宏大场景那样，花木兰亲历大兵压境，那铺天盖地的气势对她来说是一种怎样的震撼。

但这种更新不单单局限于此，否则就只是凭空想象的浪漫。与这种震撼相伴的，既不是观影者的轻松、愉悦与兴奋，也不是一群高端“驴友”出于个人爱好，带着精心挑选的装备结伴攀登喜马拉雅的惊险、刺激，花木兰更多地是出于无奈，是与自己喜好、性情甚至性别相违背的强制性的适应与坚持。大军集结、行进、安营过程中的诸多纪律，日常训练中棍棒刀矛、斧钺钩叉甚至弓弩骑射等，所有这些只有从军男儿才能接触到的“训练科目”很可能都囊括在花木兰的征程之中，这种“更新”仅仅依靠自我约束是不可能达到的。

这时再看“万里赴戎机，关山度若飞”这两句诗，顿时少了太多虚无缥缈的诗意。情势所迫之下随浩浩大军长途奔袭所激发出的无比坚毅的勇气和力量，开始成为花木兰个性的底色，绽放出凤凰扑入熊熊烈火时那种动人心魄的光芒。这既是对“曾经的自我”的全然抛弃和挣脱，也是她“新生命”的开始。

六、自天而降的熬炼：剑指身心，披上战衣

“朔气传金柝，寒光照铁衣。”这句不单可跟“将军角弓不得控，都护铁衣冷难着”互为注释，描述了边疆酷寒难耐的气候环境，还可将“朔气”与“寒光”看作是从天而降的另一重考验，同大军奔袭一样，熬炼着花木兰的肉体和灵魂。“传”“照”二字也因此有了更为丰富的内涵，它们所指向的不单单是诗句中所提到的“金柝”和“铁衣”，而更多地指向花木兰原本柔弱的血肉之躯。这显然不是“恨潇潇、无情风雨，夜来揉损琼肌”[①]那般温柔的、令人有暇百转千回、生出些许诗意的清冷。朔风凛冽，寒气袭人，它们仿佛是无形的刀剑，日日夜夜、分分秒秒、毫不怜惜地刺向一切，无分男女老少。跟这样的熬炼相比，生活中的筚路蓝缕、劳苦困顿都成了一种难以奢求的幸福，此时的木兰，不知会否想念她闺房中的铜镜、轻衫、罗裙和那原本

---

① 李清照.多丽·咏白菊.

单调乏味的“唧唧复唧唧”的声音？可见，“朔气传金柝，寒光照铁衣”这一句就不单单是在描写天气了，“霰雪无垠，矜肃之虑深”[①]，严酷的自然环境锤炼着她，花木兰的身心就在日复一日的边陲苦寒里变得愈加强健，她终于可以像强壮的男儿一样，担起那厚重、冰冷的铠甲。天地无眼，沙场无情，征尘弥漫，木兰走得出闺房，上得了战场，披得起盔甲，拿得起刀枪。天地之间，风雪之中，一位身披战衣、手执长剑的战士形象正逐渐清晰，一个坚忍而又柔韧的形象呼之欲出。

七、九死一生的战争：手足死祭，慷慨悲歌

“将军百战死，壮士十年归。”如果说自然环境所带给她的是外来的、不得不忍受的艰难，那么这短短十个字，则写尽了花木兰和将士们拼尽全力投身沙场、十数年身经百战、更为残酷的现实。木兰花一般的年华就在战场上消磨殆尽。“但添新战骨，不返旧征魂”[②]，没有人知道这十年来她经历过怎样惨烈的战斗；“八百里分麾下炙，五十弦翻塞外声”，也没有人知道作为“男儿”的花木兰与多少将士结下了生死与共的兄弟豪情。“百战死”“十年归”，虽寥寥数语，却可想象，花木兰有着多么强大的内心，才能面对硝烟散尽后尸横遍野的战场、令人窒息的死寂，和一次次刻骨铭心的生离死别；她又必须练就怎样的超脱，才能“忘却”那些失去亲人般痛彻心扉的哀伤，以投入新的战斗……“醉卧沙场君莫笑，古来征战几人回”[③]，这九死一生的归来，当真是凤凰涅槃、浴火重生，个中滋味百转千回，难以言说。

“万里赴戎机”至“壮士十年归”这六句诗，可以说从“地”“天”“人”三方面，由内而外，全方位、立体地锻造出一个新的花木兰形象。

八、“新我”获得的荣耀：仰望朝拜，丰盛加冕

“归来见天子，天子坐明堂。策勋十二转，赏赐百千强。”花木兰就正是以这样

---

① 龙必锟.文心雕龙全译[M].贵阳：贵州人民出版社，1992：524.

② 杜甫.东楼.

③ 王翰.凉州词.

一个“新人”的姿态出现在朝堂之上的，天子的“策勋”也隐含了为这个新人“加冕”的意味。接受天子的奖赏当然是荣耀和自豪的，也是满怀仰望和尊崇的。

这个新的花木兰已不是从军前的那个花木兰，不会在拜见天子时还尽是未经世事的天真；她也不是一场军事演练的胜者或者比武的擂主，流露些许肤浅的骄傲。

这是一个全新的花木兰的朝拜。

她的品性不但由内而外焕然一新，而且这个“新我”也早已得到了与她一同出生入死的将士和兄弟们的认同。最重要的是，她得到了她自己的认同，她已不需要在重压之下去调整什么、拼命去适应什么、逼着自己去做什么了。从军十年，九死一生。她的所思、所想、所作、所为早已不是当初那个“惟闻女叹息”的木兰之“所思”“所忆”，“军帖”不会再令她大惊失色，“黄河流水”也不会再令她感时伤怀……这时已没有什么可以再使她作难，她已经完完全全适应了更新后的这个自己。可以想见，这时的她，以一个被他人和自己都认同的“新我”的形象出现在这里，犹如破茧而出的蝴蝶、脱胎换骨的雄鹰，振翅飞向天空，来到白云叠成的宝座前飘然下拜。

因此，朝堂之上的花木兰，必定多了一份沉着与从容，既有着经过生死历练的落落大方，也有着逃出生天后的轻松。这样一个花木兰俯伏在荣耀、庄严的宫殿里，当真是唯她是配、十分合宜的。只是对于花木兰来说，这并非是一般意义上武将功臣接受君王的恩赏，使她难免受宠若惊，将之视为毕生的终极荣光。

花木兰志不在此。

九、“人子”回归的热望：情辞渴切，俯伏叩求

“可汗问所欲，木兰不用尚书郎，愿驰千里足，送儿还故乡。”那时，一纸军帖就能让木兰做出替父从军的决定，对自己进行了由内而外最为彻底的舍弃，但此时不变的，仍是那颗赤子之心。满怀感激之余，木兰最渴望的还是快快回到亲人身边，侍奉父母，与兄弟姐妹团聚。

花木兰并非仁人志士，有着精忠报国之志；加官晋爵、封狼居胥亦非她心所向；她也不是圣女贞德，活在上帝的异象中，带着收复国土的神圣使命："给我一支军队，带我到奥尔良，那时你们就会看到，上帝派我制造的神迹。"（原文："*Give me an army.Take me to Orleans.And there you will see the sign that I was sent to make.*"[①]）那个法国乡村少女的力量，源于对天上"人子"耶稣的信仰。而支撑花木兰的，却仅仅是人间醇厚的血脉亲情。从木兰言辞的迫切程度可以想象，这十数年来，她一次次地出生入死，日复一日地坚持，倾尽全部力量和智慧，最终目的就只是与亲人团圆，永不分离，得此奖赏足矣，夫复何求？因此，木兰的请求"愿驰千里足，送儿还故乡"饱含了她自己身为"人子"最为质朴的信仰：家乡的斜阳草树、寻常巷陌才是她魂牵梦萦的地方，才是引领她前行的异象。

从当初"军书十二卷，卷卷有爷名"替父从军，到如今"策勋十二转，赏赐百千强"代父受赏，木兰的使命已圆满完成，荣耀归于父亲，自己还是一个人子，一个盼望回到父母身边的女儿。

这个女儿怎样渴望回到故乡陪伴双亲，她在朝堂之上的请求就会怎样情辞恳切，获取恩准后就会怎样地感激。我们完全可以想象她是怎样深深地俯伏在天子座前敬拜祈求的。这一深深的叩拜，是木兰自愿的降卑，是她作为人子"本我"的回归，亦是全诗最打动人心的地方，一如李密上书陈情，催人泪下："臣无祖母，无以至今日，祖母无臣，无以终余年""乌鸟私情，愿乞终养""愿陛下矜悯愚诚，听臣微志，庶刘侥幸，保卒余年"[②]。人生代代，此情皆同，花木兰的故事自此一拜而在这个重亲情、重孝道的国度流传千载。

十、"社会"层面的回归：起身迎接，悲喜交集

"爷娘闻女来，出郭相扶将"这句诗极其自然地接应了上一句"愿驰千里足，送儿还故乡"。木兰在朝堂上向天子深深叩拜、祈求，此时她抬头望见的，正是她日思

---

① 吕克·贝松导演美国电影《圣女贞德》台词，1999年上映。

② 古文观止[M].北京：中华书局，1987：264-265.

夜想的爹娘。木兰双亲仿佛也感应到了木兰渐近的马蹄声，相互搀扶着出城，迎候好似失而复得的女儿。“阿姊闻妹来，当户理红妆；小弟闻姊来，磨刀霍霍向猪羊”，这里终于出现了全诗中难得的轻松、愉快色彩。这并非生活中常见的迎接和团聚，这里出现的每个人物，既是惊喜、急切的，又饱含着对骨肉至深至切的思念之情，那常年操持家务首如飞蓬的阿姊，梳妆之时，动作许是又激动又急切呢！这种喜庆的气氛、热烈的情感并不是外在的、虚浮的、转瞬即逝的，对于花木兰来说，它们仿佛内心深处的一个个拥抱，喜悦、真挚、安稳、踏实。她多渴望被家乡的嘈杂声响所包裹，再也不必回想那当年令人恐惧的溅溅流水、啾啾胡骑、战马嘶鸣……这里是花木兰生于斯、长于斯的热土，是她心灵皈依之所，双亲手足以深挚的亲情为她完成了情感上的回归。

十一、“个体”层面的回归：似曾相识，久别重逢

“开我东阁门，坐我西阁床。脱我战时袍，著我旧时裳。当窗理云鬓，对镜贴花黄。”如果说爹娘、兄弟姊妹的“迎接”是一种“扑面而来”的亲情，熟悉而浓烈，令花木兰悲喜交集，难以自持，那么这几句诗所写到的物品，则带有某种“等候”的意味，安静而陌生。前者写的是“人”，主动地迎上前来；后者写的是“物”，被动地等木兰向它们走来。前者可看作是木兰在社会“群体”意义上的回归，是欢迎，是簇拥；后者可看作是木兰在独立“个体”意义上的回归，是降落，是沉淀……字面上写的是木兰一己的行为动作，实际上却带有某种“却是旧时相识”①心理上的“互动”；字面上写的是对过去环境、用品的接触，实际上也是跟作为女儿那个“本我”的久别重逢……

此时木兰的感情，不是像女孩子生平第一次住进属于自己的闺房一样，充满新奇、兴高采烈，也不同于在一个自己住惯了的地方对镜打扮，习以为常。十年过去，物是人非，一切都既熟悉又陌生，此时的花木兰，如同一只饱经风雨的蝴蝶，带着往昔的记忆，飞回到当初孕育她的那朵花儿上面。“当窗理云鬓，对镜贴花黄”，这不

---

① 李清照.声声慢·寻寻觅觅.

光是梳妆，也是细细的端详：面前的镜子是一种见证，里面的这个女孩，是过去的她回来了；却又不是她，因为，此时镜子前的她和十年前坐在镜子前的她，又是完全不同的。一切都是旧的，一切又都是新的，贴向额头的花黄，犹如美丽的印章，印证着一个新人的回归。梳妆完毕，花木兰从情感到外形，都回到了原本的女儿身。

与“朔气传金柝，寒光照铁衣”所打磨出的战士形象遥相呼应，“当窗理云鬓，对镜贴花黄”这句引出的则是花木兰恢复女儿身份后的完美亮相。

十二、“精神”层面的升华：从容超越，自在洒脱

“出门看火伴，火伴皆惊忙：同行十二年，不知木兰是女郎。”木兰回归女儿身份的这个“亮相”，令人惊诧，当然也是惊艳的。不过这种惊艳，既不是日常生活中伙伴之间那种幼稚的易装游戏，也不同于郭靖第一次见到黄蓉女装时的那种眩晕，毕竟花木兰无论出身还是年龄都不是金庸笔下的那个俏黄蓉：“不过十五六岁年纪，肌肤胜雪、娇美无比；容色绝丽，不可逼视。郭靖只觉耀眼生花，不敢再看。”①

木兰带来的惊艳感，主要有以下几种原因：其一，木兰本是普通农家的女儿，并非黄蓉那样系出名门、博学伶俐；其二，戍边十年，失去的已经回不来了，风霜雨雪过早地在她面庞上刻下这个年龄所不该有的烙印；其三，丰盛的收获无人能够夺去。木兰常年持着兵器征战厮杀且屡立战功，并于明堂之上接受帝王的策勋，这是同龄女子无论如何都无法想象的荣誉。诸般阅历所赋予她的精神、气质，绝非一袭罗裙、一副妆容就能打扮出来的，所以伙伴们的“惊忙”也正来源于此：十二年生死与共且得到天子嘉奖的这位“兄弟”本已令他们敬服，岂料“他”竟是一位女郎！所以说伙伴们其实是被木兰“震撼”到了，应该不为过。

穿回女装的花木兰美丽、自信而沉稳，柔和中又带着军人独有的粗犷。若说哪些形象勉强具有相似之处，可以想到茅威涛演绎的越剧坤生，英武俊朗且落落大方；又比如电影《新龙门客栈》里的邱莫言，侧身翘首遥望着前来大漠接应她的周淮安……只不过，花木兰那英气、大气又正气的柔韧之美是在十几年行军生涯中真刀

---

① 金庸.射雕英雄传[M].北京：生活·读书·新知三联书店，1994：522.

真枪硬生生锤炼出来的，绝非单单眼目所见的“颜值”和“气质”等字眼所能描述。原本她只是想拯救自己的家庭，却没想到最终也成就了自己。此时的木兰，不是一粒种子回归大地，尘埃落定，而更像是深埋在冻土里的种子经过寒冬历练，又沐得意春风，终于在盛夏满树花开，惊诧了世人。

花木兰就是花木兰，这种美无一人可与之相比拟，甚至远远超越了最初坐在屋门前的那个自己。她既是农人家的女儿，又是沙场上的战士，更是功勋卓著的英雄，在这一点上，她同样“不可逼视”。她似乎是以不可复制的、亦神亦人的身份再生了，既平凡又神奇，既接地气又遥不可及。

“雄兔脚扑朔，雌兔眼迷离；双兔傍地走，安能辨我是雄雌？”这句诗已经跳脱了“性别辨识”的窠臼，显现出此时花木兰独有的“人性的光”，只不过这种“光”是她自己不自知的，或者说是12年军旅生涯沉淀在她身上自然而然散发出来的，就好比《圣经·旧约》里的先知摩西，40昼夜在西奈山接受上帝的教导后拿着法版下山，他并不知道自己的面皮正在发光，而旁人却看得清清楚楚。[①] 她自己跟旁人所见所感的她是不完全一样的。花木兰不过用田野乡间最常见的兔子，来比拟自己这段不寻常的经历，虽说描绘的是兔子的动作，而我们看到的却是她这个不同寻常的人；她以雌雄打比方，我们看到的却是她隐藏十几年如今又恢复了的美而不自知的女儿身。最后这句诗讲的是乡野人家都晓得的“有形”的常识，投射出的却是“无形”的人性之光，甚至在“人—兔”“女—男”“雌—雄”这几对关系都带有了某种“道成肉身”、自我救赎、自我超越的意味。透过这看似平淡无奇的诗句，我们可以清晰地感受到，眼前的“这一位”花木兰既有着入世的平凡质朴，又自有一种“在地如天”的超然与卓越，举手投足之间，亦刚亦柔；游目骋怀之际，自在洒脱……一切的苦难与荣耀都已过去，一个圆润、丰满的花木兰形象伫立于人前，她的传奇流传在世间，永不止息。

---

① 和合本《圣经·旧约》出埃及记第34章第29节。

结　语

朗诵虽说只是一种在“时间”维度上呈现的艺术，但它所包含的内容却常常是多维的，需要从不同角度去挖掘。

我们从一开始随着作者的视角，由远及近地观看花木兰，看到的是她最初的样子，也是多数普通农家小女孩都会有的样子；接着，透过那一纸军书，我们看到的是一把无情的刀，从内心深处将花木兰与她自己痛苦地剥离开来，让她一夜之间长大成人；当她带着诀别之心离开家人和自己的女儿身份时，我们看到的是她向着家乡和自己所进行的一种死亡；当她替父从军，投身行伍，我们看到不仅是大军翻山越岭、奔赴战场的行动，更发现这个小女孩的眼界和生命的腾飞，我们也设身处地地感受到她在苦寒的边陲所经受的熬炼……这些苦难不但没有消磨花木兰的意志，反而使她的身心变得更加坚忍、强大，可以经受住沙场的磨砺，九死一生，屡立战功，最终在朝堂之上接受天子赐下的荣耀，这时候，我们看到的已不再是最初的花木兰，而是完全焕然一新的她；至于她自己心灵的凯旋之地，却仍是阔别多年的家乡和原本作为“女儿”的那个自己，父母、亲人和家乡的一切与她一道完成了全面的回归，当她恢复原有的身份时，我们看到的不只是一个穿回女装的花木兰，更发现她的精神已经得到了升华。

就这样，在朗诵的过程中，诗中的一幕幕场景相继铺开，人物形象逐渐鲜活而生动起来，花木兰经历的事件也合理有序地一件件串联起来。她这个原本平凡的“人”，经由她生命中一系列不平凡的“事件”的雕刻，其“命运”一步步发生了改变，终于呈现出一个全息立体的花木兰。透过字面上的叙事和抒情，我们看到，诗句当中还蕴藏着最符合现实生活的逻辑和与这些现实发生冲撞的、最为质朴的情感，正是在情感与现实之间不断冲突、调适直到最后的超越中，人物命运发生了改变，人性得以重塑。

这些诗句对于普通读者来说，可能仅仅是所谓的“名篇名句”，但是对于塑造花木兰这个人物形象的朗诵者来说，诗中写到的每个场景、每个事件都是有特殊意义的，它们之间具有一定的逻辑连贯性，并且以合情合理的方式交织在一起，推动着花木兰命运的发展，最终一步步塑造并完善着花木兰这个艺术形象。

对于那些世世代代口口相传的经典诗句，我们有时容易被它们本身的韵律所吸引，被它们所发出的光彩所迷惑，以至于不能看到它们的另一面，如同被太阳照久了，反而会疲沓，不再觉得它的光有多么奇妙；而面对另一些看上去不那么起眼的诗句，似乎又难以捕捉到其亮点。这时，我们就得摆脱思维定式再去体会这些诗句。经典佳句，有时需要暂时遮住它们最容易被感受到的优美韵律和表层含义，换个角度去挖掘其原本蕴藏着的更为丰富的内涵；那些不大引人注目的诗句，反倒要聚焦起来正面探究，看它们在整个诗篇当中究竟处于何种位置，具有何种意义。毕竟意义有时需要反复对比才能被发现。

就好比人们虽然看惯了太阳，却仍然要带着各种科技设备，不惜跋山涉水去观测日全食，并在太阳最黯淡的时刻观察那些平日被耀眼的日光所挡住的小行星们到底处于哪个方位，以此更准确地把握太阳和其他行星之间的时空关系。① 诵读也是这样，只有借助各种知识、发挥合理的艺术想象、多维度地深入分析和体验诗歌，那些诗句才不再是孤立的、单调的、寻常的，而是更加接近它本来可能的样子，诗篇才可能顺理成章、水到渠成地呈现出它的完整面貌。更重要的是，也只有这样，才能最大限度地激发朗诵者潜在的艺术表现力和创造力。

（作者单位：中国传媒大学播音主持艺术学院）

① 一次改变世界的日食：广义相对论预言被证实 95 周年[EB/OL].(2014-05-29).Newton－科学世界的博客，https://blog.csdn.net/anyqu/article/details/28713413.

从艺术的审美功能
谈《诗经·子衿》朗诵创作的情景再现

赵文博

一、《诗经》及其艺术风貌介绍

《诗经》是中国古代诗歌的开端，是最早的一部诗歌总集，收集了西周初年至春秋中叶（前11世纪至前6世纪）的诗歌。《诗经》的作者绝大部分已经无法考证，传为尹吉甫采集、孔子编订。《诗经》在内容上分为《风》《雅》《颂》三个部分，《风》是周代各地的歌谣；《雅》是周人的正声雅乐，又分《小雅》和《大雅》；《颂》是周王庭和贵族宗庙祭祀的乐歌，又分为《周颂》《鲁颂》和《商颂》。其中，《颂》有40篇，《雅》有105篇（《小雅》中有6篇有目无诗，不计算在内），《风》的数量最多，共160篇，合起来是305篇。

孔子曾概括《诗经》宗旨为“无邪”，并教育弟子读《诗经》以作为立言、立行的标准。先秦诸子中，引用《诗经》者颇多，如孟子、荀子、墨子、庄子、韩非子等人在说理论证时，多引述《诗经》中的句子以增强说服力。至汉武帝时，《诗经》被儒家奉为经典，成为五经之一。《诗经》内容丰富，就整体而言，是周王朝五百年间中国社会生活面貌由盛而衰的形象反映，其中有先祖创业的颂歌，祭祀神鬼的乐章；也有贵族之间的宴饮交往，劳逸不均的怨愤；更有反映劳动、打猎以及大量恋爱、婚姻、社会习俗等方面的动人篇章，是周代社会生活的一面镜子。

《风》包括了15个地方的民歌，涉及今天陕西、山西、河南、河北、山东等地，大部分是黄河流域的民间乐歌。经过润色后的民间歌谣叫“十五国风”，有160篇，是《诗经》中的核心内容。“风”的意思是土风、风谣，是《诗经》中的精华部分，有对爱情、劳动等美好事物的吟唱，也有怀故土、思征人及反压迫、反欺凌的怨叹与愤怒。《风》常用复沓的手法来反复咏叹，一首诗中的各章往往只有几个字不同，表现了民歌的特色。

《雅》为周王畿内乐调，是周王朝国都附近的乐歌，共105篇，多为贵族祭祀之诗歌，祈丰年、颂祖德。《雅》分为《大雅》和《小雅》，《大雅》主要歌颂周王室祖先乃至武王、宣王等之功绩，有些诗篇也反映了厉王、幽王的暴虐、昏乱及其统治危机。《小雅》中也有部分民歌，共74篇，创作于西周初年至末年，以西周末年厉、宣、幽王时期为多。《小雅》中的部分诗歌与《国风》类似，其中最突出的，是关于战争和劳役的作品。

《颂》则为宗庙祭祀之诗歌。《雅》《颂》中的诗歌对于考察早期历史、宗教与社会有很大价值。郑玄在《毛诗传笺》中说“象舞，象用兵时刺伐之舞”，就是把周文王用兵征讨刺伐时的情节、动作，用舞蹈的形式表现出来。这可以证明祭祀宗庙时不仅有歌，而且有舞，“载歌载舞”可以说是宗庙乐歌的特点。颂的名篇主要有《清庙》《维天之命》《噫嘻》等。

二、《郑风·子衿》的主旨研究分析

《郑风》是产生于郑国或以郑地曲调进行歌唱的诗歌，共包括21首诗。《郑风·子衿》是一首动人的歌谣，诵读此诗能感受到其中绵长的思念和淡淡的忧愁，然而人们对此诗的主旨却有多种见解。全诗如下：

子衿

青青子衿，悠悠我心。纵我不往，子宁不嗣音？
青青子佩，悠悠我思。纵我不往，子宁不来？
挑兮达兮，在城阙兮。一日不见，如三月兮。

翻检《四库全书》《续修四库全书》及现当代《诗经》研究论著 150 余种，本诗主旨可以归纳出以下三种观点：以小序为代表的"刺学校废"说；朱熹所谓"淫奔"说；今人多持之爱情恋歌说。

(一)"刺学校废"说

小序曰："《子衿》，刺学校废也，乱世则学校不修焉。"怎样理解"刺学校废"？《毛诗正义》的证据有三：

(1)毛传"青青子衿"解释"青衿"为青领，认为正是学子之服。郑笺以《礼》"父母在，衣纯以青"为证据，指出"学子而俱在学校之中已"。

(2)"佩玉"证明学子身份。孔疏引《礼记·玉藻》"古之君子必佩玉，君子于玉比德焉，故知'子佩'为佩玉也"，"士非君子，而诗经研究丛刊《传》以士言之，学子得依士礼故也"。

(3)以史证诗，孔疏认为此诗的背景是《左传》"襄公三十一年，郑人游于乡校，然明谓子产毁乡校"。只是在学、校之名上，郑笺曰："郑国谓'学'为校，言可以校正道义。"这些论据确立了"刺学校废"的主旨见解，影响最为深远。

(二)"淫奔"说

此观点源于朱熹《诗集传》，这一说法对后世尤其是元明学者影响很大，朱子及后人的这一说法主要以如下几条为依据：

(1)"青衿"：年轻男子的服饰，代指男子；

(2)"悠悠我心"：男女相思之长且难忘；

(3)"嗣音"："继续其声音问也"，男女之间的思念、问候；

(4)"挑兮达兮，在城阙兮"：轻偎跳跃、放纵之貌，城阙是幽会之地。

宋人辅广在《诗童子问》中支持朱子之说，他认为"此淫女望其所与私者，既无音问，又不见其来，而极其怨思之辞也"；宋王应麟在《诗地理考》中强调"郑声淫"来为朱子之说提供支撑。

(三)爱情恋歌说

《诗经》研究在“五四”之前基本不可能脱离儒家说教,“思无邪”的尺度决定了《诗经》研究的特定范围。直到现代,研究者才在真正意义上从体会、解读文本入手,大胆、明确地还原了许多爱情诗的本来面目。下面是一些今人关于《子衿》爱情主旨可查证的观点。

傅斯年在《诗经讲义稿》中指出:“子衿,爱而不晤,责其所爱则何以不来也。”余冠英在《诗经选》中指出:“这诗写一个女子在城阙等候她的情人,久等不见他来,急得来回走个不停,一天不见面就像隔了三个月似的。”高亨在《诗经今注》中指出:“(《子衿》)这是一首女子思念恋人的短歌。”程俊英的《诗经注析》明确提出了“子衿是一位女子思念情人的诗”。他认为毛序是附会之说,而朱子又陷入自我矛盾,因此两说俱不可信。夏传才认为此诗描写了“一个女子在城楼等待恋人,久等不见,急切的等待转化为惆怅和幽怨,而幽怨中又包含着浓浓的爱意”。

今人关于此诗“爱情说”的观点不胜枚举,得到普遍认可。在经历了经学时代各种不同的解读之后,诗经的主旨理解出现了前所未有的解放和发展,从《子衿》的主旨见解就可见一斑。

本文的讨论研究基于第三种爱情恋歌说进行解读。

三、从艺术作品的审美功能看《子衿》的朗诵创作

艺术生产通过创造具有审美价值的艺术品来满足人的审美需要。艺术作为人类审美活动的最高形式,集中体现了人类的审美意识。在艺术生产活动中,艺术家通过艺术创作来表达自己的审美意识和审美理想;读者、听众和观众则通过艺术欣赏来获得美感,并满足自己的审美理想。总之,艺术这种特殊的社会意识形态,通过艺术生产的全过程,影响人的精神面貌和思想感情,最终对社会生活产生多方面的作用和影响。《诗经》作为古代第一部诗歌总集,具有跨越千年的艺术价值,《子衿》是《诗经》的篇目之一,同样会带给读者以及朗诵者极高的审美体验。

（一）审美认知作用——走进《子衿》的前世今生

孔子讲过："《诗》，可以兴，可以观，可以群，可以怨；弥之事父，远之事君；多识于鸟兽草木之名。"这句话除了强调文艺可以维护儒家的政治伦理道德之外，孔子也指出了文艺的另一种认识作用，即审美认知作用。艺术对于社会、历史、人生具有审美认识功能，往往能够更加深刻地揭示社会、历史、人生的真谛和内涵，反映社会的广度和深度；常常通过生动、感人的艺术形象，给人们带来难以忘却的社会生活知识。对于大至天体、小至细胞的自然现象，艺术同样具有审美认识作用，可以增加人的科学知识。

1.朗诵《子衿》感受周代地理气候与郑风诗歌文化

孔子认为学诗可以让人温柔敦厚，思想无邪，与山木鸟兽自然亲近。这句话同时表明《诗经》中出现了许多鸟兽草木的名称，这些鸟兽草木在诗中成为诗歌意象。气候对自然界中的自然物起到了重大的影响乃至决定作用，气候对出现在郑、卫诗歌中的自然意象和由此带来的情绪风貌也产生了一定的影响。

第一，《郑风》中的地形特点。

《郑风》反映了郑国的地形特点，诗歌很可能产生于有着高山和洼地的地理环境。郑国具有"山高谷汲"的地理特点，既有广阔平坦的平原，又有与秦岭余脉相接的平缓山地。

第二，《郑风》中的河流。

《郑风》反映了郑国的河流分布情况。溱水和洧水贯穿郑国境内，河道蜿蜒曲折，沿途风光秀美。溱水古称潧水，发源于新密市白砦乡北董沟附近的老锅岗，而洧水则发源于今登封市东南马领山。郑人渡过溱水和洧水与人相见，君子与淑女在水边游赏，可以看出溱水和洧水是郑国人生活中的重要部分。

第三，《郑风》中的树木植被。

《郑风》中出现的植被种类有乔木、灌木和其他草本植物，这反映了历史上郑国真实的树木植被情况。《诗经》作为现实主义文学的源头，诗中的自然景象和树木植被是现实生活的体现。在《郑风》产生的时代，郑地的气候较为温暖湿润，加之当时的社会生产力不高，野生植被未遭到大面积的破坏，所以山谷和平原一片蓊笼葱郁。

2.《子衿》朗诵创作中“景”的再现

播音员理解和感受稿件的过程，不但要塑造内中的形象——“景”，而且还应感受到内中的神采——“情”，从而达到情景交融的境界。这个过程是运动的，不是静止的；是融合的，不是孤立的。在符合稿件需要的前提下，播音员需以稿件提供的材料为原型，使稿件中的人物、事件、情节、场面、景物、情绪在脑海里不断浮现，形成连续活动的画面，并不断激发相应的态度、感情，这个过程就是情景再现。

作为读者，通过鉴赏《子衿》，其艺术的审美认知作用得到凸显。它让我们了解到周代郑国当时的自然地理状况，感知诗歌所处时代的山水鸟兽、草木气候等大环境特征，感知到十分具体的时空环境以及创作者当时的生活状况，这些都为播音员在朗诵创作时设想诗歌文字背后的“景”和“情”奠定了基础。艺术家的艺术创作活动不能离开他们所在的时代，必然会受到时代的影响，表现并且反映在他们对于时代的认知和态度上。因此，发挥艺术的审美认知作用，充分了解《子衿》所反映的当朝时空的具体环境背景，更加有利于朗诵创作者“理清头绪”“设身处地”“触景生情”“现身说法”，最终达到情景交融的境地。于是，我们可以设想出以下创作情景：

《郑风》产生的时代气候较为温暖湿润，因此诗中描写的“子衿”“子佩”这种服饰配饰并不厚重，是很轻盈的材质。给诗人留下深刻印象的，正是温暖的微风让“子衿”轻微飘动的时候。在溱水河畔，一大片蓊笼葱郁的平原，河水蜿蜒至视线最远处，远处便是层峦的高山。此时的诗人正站在溱水旁的“城阙”——高楼上，“挑兮达兮”，徘徊、彷徨，向远处张望，等待心爱的人。

(二)审美教育——《子衿》朗诵创作中的情感再现

艺术的审美教育作用，主要是指人们通过艺术欣赏活动，受到真、善、美的熏陶和感染，在思想上受到启迪，在实践中找到榜样，在认识上得到提高，从而正确地理解和认识生活，树立起正确的人生观和世界观。

1.以情感人——“子衿”寄情

以情感人是艺术教育与其他教育之间最鲜明的区别,艺术作品总是灌注着艺术家的思想感情,生动感人的艺术描绘总会让人受到强烈的感染和熏陶。

“青青是你的衣襟,悠悠是我的倾心。青青是你腰间的带,悠悠便是我思慕的心。”诗人很可能是热恋中的少女,情郎的衣衫敞开着,露出里面黑色的衣襟,腰带垂在腰间,露出黑色的腰带。情郎的一件衣襟与一条腰带、情郎的一举一动、情郎的一切都被姑娘记在心里,念念不忘,魂牵梦绕。于是,诗人便写下了这首《子衿》的诗,她用潇洒、儒雅的衣饰来借代这衣饰的主人。可是,这青青的子衿和青青的子佩,在诗人的心中走来了千万次,为什么它们的主人却不见踪影呢?切切的相思便在字里行间流露,悠悠荡涤开来。

2.潜移默化——切切相思

艺术作品对人的感染,常常是在毫无强制的情况下,使欣赏者自由自愿、不知不觉地受到感染,心灵得到净化。

《子衿》全诗不到50字,但女主人公等待恋人时焦灼万分的场景如在眼前。这种艺术效果的实现,得益于诗人在创作中运用了大量的心理描写。诗中仅用“挑”“达”二字来描述女子的动作,主要笔墨都用在刻画她的心理活动上,如前两章对恋人既全无音信又不见人影的埋怨,以及末章“一日不见,如三月兮”的内心独白。两段埋怨之辞,以“纵我”与“子宁”对举,急盼之情中不无矜持之态,令人生出无限想象,可谓字少而意多。末尾的内心独白,则通过夸张的修辞技巧,造成主观时间与客观时间的反差,从而将其强烈的情绪、心理形象地表现了出来,可谓因夸以成状,沿饰而得奇。心理描写手法,在后世文坛已发展得淋漓尽致,而上溯其源,此诗已开其先。

这首诗是《诗经》众多情爱作品中较有代表性的一篇,它鲜明地体现了那个时代的女性所具有的独立、自主、平等的思想观念和精神实质,女主人公在诗中大胆地表达自己的情感,即对情人的思念,这在《诗经》以后的历代文学作品中是少见的。

3.寓教于乐——思慕之心

寓教于乐强调应当把思想教育融到艺术审美娱乐之中。郑国发达的商业和音乐文化促进了民间风俗的开放，带来了郑国自由、宽松的社会氛围，形成了《郑风》轻松、欢快的感情基调。在总共的 21 首诗歌中，反映婚姻和爱情的诗歌有《子衿》等 14 首，其中表达男女之间的相思、思念，希望见面，盛情的邀约，嬉笑打闹，见面的欢愉，家庭的幸福美满等欢快情绪的诗歌就有 10 首之多。

（三）审美娱乐——悠悠《子衿》的美学享受

艺术的审美娱乐作用主要是指通过艺术欣赏活动，使人们的审美需要得到满足，获得精神享受和审美愉悦，使身心得到放松。艺术作品之所以受人欢迎，是因为它能给人以精神上的享受，人们通过欣赏艺术作品，能使自己的审美需要得到满足，在精神上产生一种愉悦与美感。人们通过艺术欣赏能得到积极的休息，从而更好地投入新的工作，还能从中受到教育和启迪。

在《子衿》审美认知层面获得朗诵创作的"景"之后，我们又在审美教育视角的帮助下，体会到悠悠子衿的情思。于是，情景交融产生了，我们对于《子衿》所描摹的恋人之间的依恋与相思之情有了感悟，并跟着作者的思绪前进，在情感上产生共鸣。这切切相思、悠悠思慕之心，不也正是生活在当代的我们曾经经历或者正在经历的情感体验吗？当时在城阙眺望远方的情人，当时的高楼彷徨，和现在时不时拿起手机翻看是否有他或者她的微信消息、电话短信是多么相似。类似的感情跨越了千年，依然印刻在人类的情感中，久久不能平息。于是我们看到，诗人早早地离开家，赶去城楼上迎候自己的情郎。她站在城楼上等，可是左等右等，都没有等来自己的情郎。诗人一边思念着他，一边埋怨着他。这次的约会，原本不该在这里，因为他们约好了，本该是诗人出城去找他的。我们不知道，为什么他们的约会计划发生了改变；我们只知道，站在城楼上等待的诗人开始埋怨她的情郎，埋怨他从来不知道主动来找她，从来不会像别人那样给自己心爱的姑娘写一封爱意悠悠的情书。诗人越想越生气，越想越失望，她望穿秋水，情郎依旧没有出现。难道是他变心了不成？不，他当然没有变心，只是姑娘的相思太深、爱意太浓。在姑娘的眼中，见不到情郎的每一天，竟像三个月一样漫长。

一日不见君，流光三月长；一片相思，两处闲愁。诗人最后一定等来了她的情郎，两处闲愁没有了，可一片相思却打湿了千年的光阴，流淌在了每一对情人分别的血液里、痴情的眼眸里。

结　语

艺术作为人类审美意识的最高表现形式，其多重社会功能始终是以审美价值为基础的，艺术的各种社会功能只有在审美价值的基础上才能发挥作用。《子衿》作为优秀的艺术作品，在对其进行朗诵创作分析时，运用艺术的审美社会功能理论，从审美认知、审美教育、审美娱乐三个角度分析，我们认识到周代郑国当时的自然地理、风俗人文等相关知识，并将其运用到朗诵创作中对于具体"景"的设想上，具体、真实地展现当时的创作场景；而通过艺术潜移默化的教育功能，我们体会到创作者的切切真情、悠悠思慕之心。《子衿》所表现的内在相思之情，跨越了时空的界限，产生了精神上的共鸣与审美的艺术享受。语言的魅力永远不会过时，艺术的社会审美功能如同《子衿》中痴情的相思一样，通过有声语言的朗诵创作，绵延至今。

参考文献

杨洁.《诗经》郑、卫诗歌研究[D].济南：山东师范大学，2015.

杨洁.论"郑卫之音"的生成与特色[J].求索，2015(5).

刘二辉，高洪韬.《郑风·子衿》主旨研究述评[J].诗经研究丛刊，2011(2).

毛宣国.《诗经》美学论[J].中国文学研究，1997(3).

张颂.播音创作基础[M].北京：北京广播学院出版社，2004.

彭吉象.艺术学概论[M].4 版.北京：中国人民大学出版社，2015.

（作者单位：中国传媒大学播音主持艺术学院）

对朗读者身份设定的梳理和思考

袁肖琨

作为朗读的创作主体,朗读者承担着“把文字作品的精神实质通过自己的有声语言,创造性地传达给听者”的任务,这要求朗读者决不能简单地见字出声。在完成了对文字含义的理解后,朗读者仍需投身于文本中,获得具体感受与逻辑感受,调动自身的态度与情绪情感,从而实现朗读目的,完成兼具韵律美、意境美、风格美乃至民族美的有声语言艺术表达。在这一系列的创作过程中有一个重要的影响因素,那就是朗诵者对自身身份的设定。朗读者在不同身份设定的指向下,创作的观念、路径、结果也必然不同,因此对这一问题的探究是十分必要的,不能以一种“创作无意识”的状态听之任之。

张颂老师在《朗读学》中专门辟出了“朗读者的身份与对象”一章以讨论此问题。在张颂老师看来,朗读者若将自己的身份设定为“作者的代表或化身,要用作者的身份去朗读”是不恰当的,且朗读者在朗读时不宜使用“演”的方式,而是要将听众想象为自己的挚友和知音。对此,张颂老师同样给出了他的理由。

首先,朗读者不应使用作者的身份去朗读,是因为在朗读时“扮演”作者,无法给予人信服感,朗读者会因为追求“作者身份”却又无法还原和掌握作者全部的思想感情,反给自己平添束缚,最后也不过是个“冒牌假造”,丢失了朗读者本人再创作的艺术空间。写作与朗读是两种不同的创作,两种创作状态不同,二者不应割裂,更不应该混淆。追求作者身份,意味着忽视朗读者身份,容易影响表达。

其次，不宜使用表演的方式进行朗读。"朗读者不是演员，作者更不是角色"，朗读者的任务是传播作品内容，同时传播自己从作品中体会到的教益。

最后，将听众想象为挚友、知音，从而在朗诵中做到循循善诱，平等待人，"才能为听者专注地、亲近地领略作品，提供一种极和谐、极舒畅的气氛"；朗读者还需做到"目中有人，心中也有人……处处为听者着想，千方百计地把作品变为有声语言，传到听者的耳边，送到听者的心田"。

张颂老师还特别说明，"至于以为用'我就是作者'来启示朗读者，有利于深入领会作品，那是朗读分析，是感受作品的应有之义，与朗读者的身份问题关系不大"，"优秀的朗读者并非在朗读过程中'忘我'，而是在'有我'的前提下进入'无我'之境"。

张颂老师对朗读者身份构建的看法多集中在"不应如何"上，而在"应该如何"的问题上没有给出确切的答案，"作品的传播者""听众的知音"等身份描述也需要我们进一步的探究。

回到"身份"这个概念上来。根据四川大学赵毅衡教授的看法，"身份是任何自我发送意义符号或解释符号意义时必须采用的一个'角色'，是与对方、与符号文本相关的一个人际角色或社会角色……人的任何活动都采取一种身份，人不可能以纯粹的抽象的自我进行活动"。同时，身份具有独一性(uniqueness)、延续性(continuity)和归属性(affiliation)。这意味着当我们选择以某一种身份开始朗读时，实际上是我们从自我中生发出符合自我的一贯性，是服务于朗读目的的一种形象。在朗读时我们设定自己的身份，并非是如鬼神附体般瞬间变成另一个人，而是将自己的情绪体验、生命体验投射到文本的规定情境中，以"我"来表达"他"。所谓"一千个读者心中有一千个哈姆雷特"，一千个朗读者自然也能表达出一千个哈姆雷特，朗读者的自我不会因为将身份设定为某个角色而丧失，这也不与张颂老师提出的"把自己的内心态度和情感沿着文字语言的序列鲜明地抒发出来"的希冀相矛盾。

但朗读者所面对的文本大部分都不是独白性质的，因而很难像舞台表演中的演员一样将自己的身份设定为某个有名有姓的、清晰而具体的角色。而若在进行具体的身份设定时，如张颂老师所反对的那样，将自己设定为“作者的代言人”，或者更明确地将自己设定为内尔斯（Nelles）所说的“历史作者”的代言人，显然是不妥的。虽然我们能结合历史，根据作者经历甚至部分的写作背景对作者的具体思想感情展开想象，但作者写作时心境如何，当时当下脑海中的所思所想为何，我们显然无法考证。即使朗读者就是作者本人，对当时情景的还原也必不能做到面面俱到。因此，所谓“历史作者的代言人”必定是名不符实的。

朗读者应该将自己的身份设定为文本的“隐含作者”（implied author）的代言人。“隐含作者”是韦恩·布思在《小说修辞学》中提出的概念，指的是读者所感受到的作者实际上是他们自己根据文本提供的线索，挖掘作者的隐性意图，从中寻找作者身份，从而构筑出一个他们认知到的作者形象，或者说是作者的“类自我”。“隐含作者”既是拟人化的作品整体结构，亦是作品的所指，还是具体作者的虚拟镜像。也就是说，“隐含作者”围绕三个要素形成：就文本而言，隐含作者是“范式和选择的核心”；就作者而言，“隐含作者”是他的“隐含版本”；就读者而言，“隐含作者”则是读者得到的图像。“隐含作者”是作者的创造物，是文本的潜藏物，是读者的推断物。“隐含作者”肯定了作者的重要性，但否认作者是“作品意义的唯一源泉”，它强调读者与文本的交流不容忽视，文本的意义需要读者的参与才能最终实现。正如施密德所说，“‘隐含作者’没有声音，什么也不能说，缺乏直接交流的途径，他只能通过整体的布局，通过他所选择的全部声音和手段来无声地引导读者”。而朗读作为一种有声语言创作，承担的不正是把“隐含作者”的“无声”，即那些不能直接体现的意味传递给观众的使命吗？而这样的使命决定了朗读者应当承担“隐含作者”代言人这样的身份设定，这不是朗读者自我的丧失，而是赋予朗读者更清晰的目标——表达文本，同时表达我们在这个时代透过文本所看到的一切。

此外，强调朗读者应以“隐含作者”代言人的身份展开创作还有以下两点现实意义。

第一，朗读者声音与形象的内在统一。仅以“作品传播者”的身份设定要求朗读者，限制看似存在实则不然，这不利于朗读者找到创作依据。此时的“有动于衷”往往容易发生扭曲，陷入表达个别句段、个别情绪、个别重点的破碎之中。以《草地夜行》为例，这个文本中包含了对红军过草地时艰苦、残酷的生存环境的描写，“我”对老同志由气恼到敬佩再到悲痛的情绪变化，以及“我”作为一个革命军人意志的转变……可供挖掘的细节、情绪情感极多，具有表现力和感染力的语句极多，“作品传播者”应该如何选择呢？着重描景是美，着重抒情是美，着力刻画人物也是美，哪种美更能代表作品呢？无从取舍便只好“眉毛胡子一把抓”，通篇是重点，句、段层次之间各自为政，一会儿绘声绘色地说“吃皮带”的故事，一会儿津津有味地说和老同志的初遇，一会儿声嘶力竭地哭喊老同志的牺牲，一会儿坚定起革命信心向着陕北走去……每个层次单独听起来似乎都没问题，可凑在一起就是“四不像”，缺乏作品的整体性，也无从谈起对更高层次的审美追求了。“隐含作者”的代言人身份在这个具体的文本中指引我们集中在“一个坚定的革命战士的形成”这个主题上，删繁就简，主线明晰。以“隐含作者”的代言人身份展开朗读，以朗读者“我”来重现文本中由作家和读者共同创造的意义的整体，这种身份设定所带来的使命感将使我们在表达时情感更加集中，在不同人称、不同叙事逻辑所造成的不同情境中穿梭自如，为朗读整体的统一提供依据。

第二，实现与作者、观众的共建。朗读者既不是为了表达自己，也不是为了作者呐喊，更不是为了向观众献媚。不以私人的、技术化的情绪裹挟观众，不用毫无逻辑的高亢和低沉“恐吓”观众，“隐含作者”代言人的身份既避免了我们做“复刻历史作者”的无用功，又不至于使我们陷入自说自话的“自我封闭”中去。“隐含作者”代言人除去对作者编码的关注外，更要求朗读者从解码角度挖掘文本，挖掘“内在语”，挖掘作者试图引导受众获得的，乃至于超越作者的价值认识。“伟大的作品都是千百万人在梦中写好的，借某个知名或不知名的作者之手确定细节而已。”朗读者不应仅仅是细节的复述者，更应该是能把大众在作品中所体会到的共性表达出来的“说梦人”。而以“隐含作者”代言人的身份朗读三者合力塑造的具有共性的“梦”，让“人人心中有，人人嘴上无”的“雅意”在言传中使观众意会，这样的朗读者才配称作是观众的“知音”，从而为观众带来艺术的享受与升华。

参考文献

张颂.朗读学[M].3 版.北京：中国传媒大学出版社，2010.

赵毅衡.身份与文本身份，自我与符号自我[J].外国文学评论，2010(2).

申丹.何为“隐含作者”？[J].北京大学学报，2008(2).

乔国强.“隐含作者”新解[J].江西社会科学，2008(6).

尚必武.解构·辩护·修正·拓展——新世纪国外“隐含作者”研究述评[J].国外文学，2013(3).

尚必武.隐含作者研究五十年：概念的接受、争论与衍生[J].学术论坛，2011(2).

薛春霞.真实作者与隐含作者的伦理关系[J].江西社会科学，2009(2).

（作者单位：中国传媒大学播音主持艺术学院）

浅议朗诵对云南怒江及临沧地区双语教师学习普通话的影响

褚 彦

云南地处祖国西南部，与四川、贵州、广西、西藏相邻，与越南、老挝、缅甸等国家接壤，有26个民族聚居于此，全省少数民族人口达1,530万人，位居全国第二，少数民族人口占全省总人口的33.6%，约为总人口的1/3。

调查统计显示，目前在云南少数民族聚居地区，少数民族母语仍然是大多数少数民族的日常用语，全省少数民族人口中约有650万人的地区不通或基本不通汉语。在不通或基本不通汉语的地区，因为少数民族儿童入学前听不懂汉语，因此当地中小学多半采用双语教学方式。开展“双语教学”有益于少数民族地区教育的发展，提高少数民族学生的学习积极性和教学质量，并有利于少数民族传统文化的传承。

为了推进少数民族地区教育实现跨越式发展，促进少数民族地区义务教育均衡发展，加强少数民族地区教师队伍建设，提高少数民族双语教师国家通用语言文字应用能力及双语教育教学水平，2012年至今，云南师范大学传媒学院每年都积极实施“国培计划”——示范性集中培训项目，少数民族双语教师提供普通话培训。笔者针对来自临沧市和怒江傈僳族自治州少数民族地区的104名参训学员进行调查研究，并对学习效果进行了总结。

临沧为云南省地级市，地处云南省西南部，东邻普洱市，北连大理州，西接保山市，西南与缅甸交界，云南省60%的佤族居住于此。怒江傈僳族自治州总面积

1.47 万平方公里，人口 52 万，怒江州少数民族的人口比例占总人口的 92.2%，其中傈僳族占 51.6%。

在此次培训中，除了普通话语音的教学外，还加入了朗诵的训练。项目在参训前后都对学员进行了普通话等级测试，从普通话等级测试结果来看，培训后学员们的普通话水平有所提高。104 名学员大部分为傈僳族与佤族，培训前普通话水平普遍为二级乙等或三级甲等，其中二级乙等有 11 人，占 10%；三级甲等有 93 人，占 90%。培训后学员普通话水平二级乙等有 17 人，占 16%；三级甲等有 87 人，占 84%。虽然经过训练，学员普通话水平测试成绩有一定的提高，但是由于应试者在测试时受诸如紧张、对操作系统不熟悉等因素影响，普通话水平测试并不能完全作为评价此次培训的有效性结果。在教学过程中，通过学员的问卷调查，确实反映出朗诵对于提高学员普通话语音的标准度和语言表达能力具有积极作用。

本次调查发放问卷 104 份，收回 104 份，有效问卷 96 份。

问题	是(人)	否(人)	不确定(人)
1.朗诵对普通话声母的学习有帮助吗?	58	23	15
2.朗诵对普通话韵母的学习有帮助吗?	66	14	16
3.朗诵对普通话语法的学习有帮助吗?	57	20	19
4.朗诵对使用普通话进行表达有帮助吗?	48	31	17

问卷结果显示：有 56%的学员认为朗诵有助于声母学习，有 63%的学员认为朗诵有助于韵母的学习，有 55%的学员认为朗诵有助于普通话语法的学习，有 46%的学员认为朗诵有助于普通话表达。结合教学实践，笔者将朗诵对该批学员普通话学习的影响分析如下。

一、朗诵有助于普通话语音的学习

朗诵，要求朗诵者普通话语音标准清晰、声音洪亮、富有感情。在对少数民族双语教师进行朗诵训练时，选用的朗诵稿件为古今中外的名家名篇，其语言经典，情感丰厚，意蕴深远，讲究平仄起伏、抑扬顿挫。朗诵时，要解决作品里每个字的声母、韵母、声调、儿化、音变，以及每个词的轻重格式等问题，这就要将实践与普通话语音的理论学习结合起来，要求学员根据普通话声母、韵母准确的发音方法及发音部位发音。经过前期测试，总结出学员的语音问题主要集中在声母、韵母及声调方面。首先，较为突出的问题是舌尖前音与舌尖后音混淆；其次，[A]发音位置靠后，单元音韵母 i、ü 混淆，三合复韵母 iou 发音不到位，前后鼻音混淆；再次，由于傈僳语有 55、44、33、31、42、35 六个声调，其中有两个声调是紧调和收调，而佤语没有声调，只有中平调与全降调的区分，因此，学员们学习普通话声调的难点表现在阳平和上声的混淆及上声变调发音不到位等方面。为此，培训提出的解决方法是通过播放慢速的五言、七言古诗进行朗诵训练，使学员将注意力集中在解决字音的问题上。

二、朗诵有助于普通话词汇的学习

词汇是一种语言里所有的(或特定范围内的)词和固定短语的总称，现代汉民族共同语的词汇规范“以北方话为基础方言”。由于学员日常使用的语言是少数民族语和汉语方言，这些方言尽管以汉话为主，但音义差异很大，尤其临沧与缅甸接壤，部分词汇为缅甸语词汇。因此，学员在使用普通话时，常常会使用自己熟悉的语言词汇代替普通话词汇。词汇的学习问题也存在于当地双语教学中。当地少数民族儿童大多在 7 岁以前不会听、讲汉语，入学后需要通过他们熟悉的语言来辅助翻译才能弄懂和认识汉字，因此在教学中，对某一词或句的认识、理解往往要用少数民族语言、当地方言或其他语言来解释。如果双语教师没有良好的普通话词汇基础，那么在其教学中势必会造成多种语言词汇混乱使用的情况，从而影响中小学生语文课程的学习。

本次培训，加大了对 60 篇普通话朗读作品的训练力度，试图通过对优秀白话文的诵读来学习普通话词汇。诵读，要求诵读者把作品的思想感情准确地表现出来，这需要学员透过文字表面理解作品的内在含义，而准确地理解稿件有助于学员了解普通话词汇的意义及用法。在不断地重复诵读中，学员能巩固普通话词汇的用法，从而学会使用普通话词汇。

三、朗诵有助于规范普通话的语法学习

语法是语言使用的法则,是研究语言结构规律的一门知识。懂得一些这方面的基本知识,可以提高学员遣词造句的能力。普通话以典范的现代白话文为语法规范。大部分受训学员都具备当地少数民族语言、当地方言及普通话的使用能力,因此在语言表达时,常常出现多种语言语法混用的情况,其中语序颠倒的问题尤为突出。在傈僳语中,陈述句的语序为主语—宾语—谓语,如"我吃饭",傈僳语却为"我饭吃";在佤语中,主语、谓语在语气不同的句子里位置不同,表示陈述、祈使和感叹等语气的句子,一般是主语在谓语前,如普通话"我走了",在佤语中为"我了走",普通话中"啊,这稻谷真好!"在佤语中为"啊,稻谷这真好!"疑问句一般是主语在谓语后,如"你吃饭了吗?"的佤语为"了做你吗?"而云南方言的陈述句中,习惯使用语气词"嘎"来表示肯定的语气,例如"我去吃饭了"的云南方言为"我去吃饭了嘎!"傈僳族和佤族的学员在使用普通话表述这句话时,通常会说成"我饭吃了嘎!"这种表述既使用了少数民族的语言语法,又使用了当地方言的语法,造成语法混用的现象。

而这次训练要求学员对60篇普通话朗读作品进行诵读训练,使学员在具体语境中,学习普通话语法。这一方面有利于学员加深普通话规范语法学习的记忆,另一方面培养了学员的语言感知能力。叶圣陶先生说过:"多读作品,多训练语感,必将能驾驭文字。"语感是语言能力的灵魂,是对语言文字准确而敏锐的感受能力。文章只有经过反复诵读,才能读出其中的韵味,读出其中的深层含义,展现出优秀文章的魅力所在。而在对整体的把握过程中,对于文中所涉及的语音、文字、词语、句子等的品味与琢磨,更是一种潜移默化的语感训练。语感的提高有助于对语言词法、句法的学习。

四、诵读有利于增强语言表达能力

语言表达能力是指在口头语言及书面语言中运用字、词、句、段的能力。测试

结果显示，受训学员的口语表达存在词汇贫乏、词不达意、滥用语气词及口头禅、句子成分残缺或多余、逻辑混乱等问题。

诵读可以提高文字表达能力和语言表达能力。通过诵读中华之经典，学员可以理解经典的意蕴，并且通过表达传播经典。诵读经典名著，有助于学员积累大量的妙词佳句，收集语言材料，使他们能在表达时恰当、自然地运用这些语言材料，进而增添表达的韵味和表现力，使说话内容能够更翔实、更丰满、更有新意、更发人深省。诵读各类经典，有助于学员了解记叙、描写、抒情、议论、说明等各种文体的表达方式，从而运用语言、文字准确地表达自己的观点、抒发自己的感情。诵读能使学员直接感受经典的语言：经典诗文用词精简、韵律优美；经典白话文修辞巧妙、造句畅达、情感细腻。学员在诵读中领悟、体会、感受，久而久之也会受到熏陶，使优秀精神留于心间，这也是经典浸润人心的一种体现。在反复诵读经典的过程中，每一遍都是语言感知和语言内化的过程。学员的理解、体会也在诵读经典的过程中层层加深，他们可以学习到一些表达方式和表达技巧，培养良好的语言素质，提高说话的能力。

综上，通过诵读，少数双语教师对普通话语音、词汇、语法的使用准确度，语言的流畅度，说话的内容等问题都得到了改善，由此可见，诵读对少数民族中小学双语教师学习普通话起着重要作用。少数民族双语教师，不仅肩负着传承中华文化的重任，同时也肩负着传承少数民族文化的重任。一方面，在教学过程中，使用标准的普通话，有利于教师起到榜样作用，尤其对于语文课程而言。语文课程的任务是培养学生听、说、读、写的能力，其中“说”就是用标准的普通话表达自己的观点、与他人交流。作为语文教师，其应该运用标准的普通话进行教学，不断提高教学水平，如在双语转换、相互解释时，要能用标准的普通话准确、恰当地翻译少数民族语言。另一方面，双语教师对少数民族语言（文字）的使用，在一定程度上传承了少数民族文化。现在，很多少数民族青少年虽然会运用少数民族语言，但是他们已经不会使用本民族的文字了。双语教师在教学中适当地使用本民族的文字，有利于该民族文化的传承。

参考文献

谢华琳.在经典诵读中培养大学生的语言素质[J].中国成人教育,2010(9).

王青,张红梅.诵读经典对构建和谐语言生活的意义[J].新闻爱好者,2011(10).

张华林.诵读经典 修养身心——兼谈当代大学生的素质教育[J].河南广播电视大学学报,2010(4).

李强.英语与傈僳语构词法比较[J].云南师范大学学报,2003(4).

徐东.傈僳族学生的学习特点及对策[J].佳木斯教育学院学报,2012(7).

(作者单位:云南师范大学)

后 记

在大家的关心、支持下，经过一年多时间的组稿、审定和编辑，我们的《播音主持艺术》第16辑如期与大家见面了！

本辑共汇集有关播音主持方面的论文和文章25篇，作者有中国传媒大学播音主持艺术学院的教师和其他高等院校的教师，也有广播电视一线的播音员、主持人，还有我校的在校研究生等。

面对我国传媒产业迅猛发展的现状，播音员、主持人如何在融媒体时代潮流中坚守与应变，已经成为当下不容回避的课题。《播音主持艺术》作为我国播音主持专业的一本前沿性理论丛书，对此应该冷静、理性地进行思考与探索。我们真诚地希望从事播音主持教学研究的教师们，以及在一线实践的播音员、主持人，能够倾心关注本专业的理论动态，积极为本书撰稿，为提升本丛书的专业理论水准献计出力。

今后，《播音主持艺术》将更加明确自己的责任和使命，本着服务社会、服务传媒事业、服务业界、服务教学科研的宗旨，一如既往地为播音主持艺术专业教师和一线的播音员、主持人提供理论研究和学术探讨的开放平台，为促进我国广播电视事业的健康发展做出应有的贡献。

在《播音主持艺术》第16辑出刊之际，我们要对为本书的正式付梓与最终出刊付出过智慧和力量的业界同人表示感谢！对为本书的出版提供大力支持的中国传媒大学出版社表示感谢！我们还要对本丛书责任编辑李水仙女士所做的大量认真、负责的工作表示特别的感谢！

最后，我们热忱欢迎大家为下一期的《播音主持艺术》踊跃投稿！

中国传媒大学播音主持艺术学院

《播音主持艺术》编委会

2019 年 2 月 18 日

图书在版编目(CIP)数据

播音主持艺术 16 / 鲁景超主编. --北京 ：中国传媒大学出版社，2019.7

ISBN 978-7-5657-2506-7

Ⅰ. ①播… Ⅱ. ①鲁… Ⅲ. ①播音一语言艺术一文集 ②节目主持人一工作一文集 Ⅳ. ①G222.2-53

中国版本图书馆 CIP 数据核字(2019)第 137554 号

播音主持艺术 16

BOYIN ZHUCHI YISHU 16

主　　编	鲁景超
策划编辑	李水仙
责任编辑	李水仙
特约编辑	梁译心
封面制作	泰博瑞国际文化传媒
责任印制	阳金洲
出版发行	中国传媒大学出版社
社　　址	北京市朝阳区定福庄东街 1 号　　邮编：100024
电　　话	010-65450532 或 65450528　　传真：010-65779405
网　　址	http://cucp. cuc. edu. cn
经　　销	全国新华书店
印　　刷	三河市东方印刷有限公司
开　　本	710mm×1000mm　1/16
印　　张	13
字　　数	197 千字
版　　次	2019 年 7 月第 1 版
印　　次	2019 年 7 月第 1 次印刷
书　　号	ISBN 978-7-5657-2506-7/G・2506　　定　价　58.00 元